Truman Capote

Landkarten in Prosa

Deutsch von
Hansi Bochow-Blüthgen und
Marguerite Schlüter

Rowohlt

Veröffentlicht im Rowohlt Taschenbuch
Verlag GmbH, Reinbek bei Hamburg, Juli 1996
Die Stories der vorliegenden Ausgabe wurden dem Band
«Wenn die Hunde bellen» entnommen
Copyright © für die deutsche Ausgabe 1974
by Limes Verlag, Wiesbaden
Die Originalausgabe erschien 1973 unter dem Titel
«The Dogs Bark» bei Random House, New York
Copyright © 1951, 1957, 1965, 1966, 1968, 1969,
1971, 1972, 1973 by Truman Capote
Umschlaggestaltung Beate Becker/Gabriele Tischler
(Foto: Boden/Bavaria)
Satz Sabon (Linotronic 500)
Gesamtherstellung Clausen & Bosse, Leck
Printed in Germany
200-ISBN 3 499 22057 1

Inhalt

Fontana Vecchia

Fontana Vecchia, Alter Brunnen. So heißt das
Haus, *Pace*, Frieden: das Wort ist in die steinerne Türschwelle gemeißelt. Es gibt keinen
Brunnen; aber es gab, glaube ich, eine Art Frieden.

Es ist ein rosenfarbenes Haus, in beherr-
schender Lage über einem Tal mit Mandel-
und Ölbäumen, das sanft zum Meer abfällt.
Übers Wasser sieht man an klaren Tagen Ita-
liens südlichste Spitze, die Halbinsel Kala-
brien. In unserm Rücken führt ein steiniger,
gewundener, zumeist von Bauern, ihren Eseln
und Ziegen benutzter Pfad an der Bergflanke
entlang nach Taormina. Man hat fast das Gefühl, in einem Flugzeug zu wohnen oder auf
einem Schiff, das auf dem Gipfel eines Wellen-
bergs vibriert: sooft man aus dem Fenster
blickt oder auf die Terrasse tritt, überkommt
einen das flüchtige Gefühl, als schwebe man
wie die weißen kreisenden Tauben zwischen
den Bergen und über dem Meer.

In dieser Weite schrumpfen die Details der
Landschaft zur Winzigkeit – die Zypressen sind
so klein wie grüne Federkiele; man könnte

jedes vorüberziehende Schiff auf der Fläche einer Hand halten.

Vor Tagesanbruch, wenn sinkende Sterne fett wie Eulen am Schlafzimmerfenster vorbeiziehen, bricht längs des steilen, gelegentlich gefährlichen Pfades, der von den Bergen herabkommt, ein Spektakel los. Es sind die Bauern auf dem Weg zum Markt von Taormina. Geröll kollert unter den strauchelnden Hufen überladener Esel; man hört aufspringendes Gelächter, sieht schwankendes Laternenlicht: es ist, als gäben die Laternen den nächtlichen Fischern weit drunten, die um diese Zeit ihre Netze einholen, Zeichen.

Später treffen sich Bauern und Fischer auf dem Markt: ein kleines Volk, den Japanern nicht unähnlich, aber muskulös; ihre magere Walnuß-Härte hat tatsächlich etwas beinah Üppiges.

Zieht man die Frische eines Fisches, die Reife einer Frucht in Zweifel, werden sie zu glänzenden Schaustellern. *Si, buono:* Sie ziehen deinen Kopf nach unten, damit du den Fisch beriechen kannst; mit ekstatischem und bedrohlich wirkendem Augenrollen machen sie dir klar, wie köstlich er ist. Mich schüchtert das jedesmal ein; nicht aber die Dorfbewohner, die unbeeindruckt die winzigen zweifarbigen Tomaten befingern und sich niemals scheuen, an einem Fisch zu riechen oder eine Melone kräftig zu drücken.

Ich weiß, daß Einkaufen und Zurichten einer Mahlzeit überall auf der Welt ein Problem ist; aber nach ein paar Monaten Sizilien könnte auch der erfahrenste Haushaltsvorstand den Strick nehmen – nein, ich übertreibe: das Obst ist mehr als ausgezeichnet, zumindest zur jeweiligen Reifezeit; der Fisch ist immer gut und die *pasta* desgleichen. Man hat mir erzählt, es lasse sich auch eßbares Fleisch auftreiben; doch mir wurde dies Glück nie zuteil. Auch an Gemüse bietet sich keine große Auswahl; im Winter sind die Eier rar. Aber natürlich ist unser Hauptproblem, daß wir nicht kochen können; unsere Köchin kann es, fürchte ich, ebensowenig. Sie ist ein munteres Mädchen, voller Charme und ein wenig abergläubisch: unsre Gasrechnung zum Beispiel ist zuweilen astronomisch, weil sie es liebt, riesige Töpfe voll Blei auf dem Herd zum Schmelzen zu bringen und dann das Blei zu verzerrten Abbildern zu formen. Solange sie sich auf einfache sizilianische Gerichte beschränkt, wirklich einfache und wirklich sizilianische, sind sie, nun, etwas, das man essen kann.

Doch ich will von dem Hühnchen berichten. Unlängst kam Cecil Beaton, der seine Ferien in

Sizilien verbrachte, zu uns auf Besuch. Nach ein paar Tagen begann er ein bißchen abgemagert auszusehn: Wir begriffen, daß ein angemessener Versuch, ihn zu ernähren, unternommen werden mußte. Wir bestellten ein Hühnchen; es traf ein, höchst lebendig und begleitet von der gewieften Bäuerin, die ein Stückchen bergaufwärts wohnt. Es war ein großer schwarzer Vogel – ich sagte, es müsse sehr alt sein. Nein, meinte die Frau, nicht alt, nur groß. Der Hals wurde ihm umgedreht, und G., die Köchin, setzte es aufs Feuer. Gegen zwölf kam sie und meldete, das Huhn sei noch immer *troppo duro* – mit anderen Worten: steinhart. Wir rieten ihr, nicht die Geduld zu verlieren, und ließen uns mit Gläsern voll Wein auf der Terrasse nieder, bereit, zu warten.

Nach mehreren Stunden und mehreren Litern Wein ging ich in die Küche, wo ich G. in kritischer Verfassung vorfand: nachdem sie das Huhn gekocht hatte, hatte sie es geschmort, dann gebraten, und jetzt kochte sie es in ihrer Verzweiflung noch einmal.

Obwohl nichts andres zu essen da war, hätten wir es nicht auftragen lassen sollen, denn als es vor uns hingesetzt wurde, mußten wir den Blick abwenden: den dampfenden Haufen krönte der abgehackte Kopf des armen Vogels, auf dem noch der geschwärzte Kamm prangte, und seine gebrochnen Augen starrten uns an.

Am selben Abend teilte uns Cecil unerwartet mit, daß er zu den Freunden zurück müsse, bei denen er vorher auf der Insel gewesen war.

Als wir Fontana Vecchia zuerst mieteten – es war Frühling, April –, stand der Weizen im Tal hoch, grün wie die Eidechsen, die um die Halme flitzten. Der sizilianische Frühling beginnt im Januar und wächst zu einem königlichen Bukett, einem Zaubergarten, wo alles geblüht hat: im Flüßchen sprießt Minze; tote Bäume sind in wilde Kletterrosen gehüllt; selbst der wilde Kaktus treibt zarte Blüten. April ist der unbarmherzigste Monat, schreibt Eliot: hier nicht. Hier ist er strahlend wie der Schnee auf dem Gipfel des Ätnas. Kinder klettern am Berghang und füllen Säcke mit Blütenblättern – Vorbereitung für den Festtag eines Heiligen –, und die Fischer, die mit ihren Körben voller perlfarbener *pesce* vorübergehen, haben Geranien hinters Ohr gesteckt.

Mai, und der Frühling nimmt Abschied: die Sonne wird mächtiger; man erinnert sich, daß Afrika nur 130 Kilometer entfernt ist; wie ein bronzener Schatten fällt die Farbe des Herbstes über das Land.

Im Juni war der Weizen erntereif. Mit einer

gewissen Melancholie lauschten wir dem Schwingen der Sensen in dem goldenen Feld. Als die Arbeit getan war, gab der Grundbesitzer, dem die Ernte gehörte, den Schnittern ein Fest. Es waren nur zwei Frauen dabei – eine junge, die ihr Kind stillte, und eine Alte, ihre Großmutter. Die Alte tanzte leidenschaftlich; barfüßig wirbelte sie mit allen Männern – keiner konnte sie dazu bringen, einmal auszusetzen, mitten in einem Tanz sprang sie auf und holte sich einen Partner. Die Männer, die abwechselnd das Akkordeon spielten, tanzten untereinander, eine ländliche Sitte in Sizilien. Es war das ideale Fest: zuviel Tanzen, viel zuviel Wein. Später, als ich erschöpft zu Bett ging, dachte ich an die alte Frau. Nachdem sie den ganzen Tag über auf dem Feld gearbeitet und den ganzen Abend lang getanzt hatte, mußte sie sich jetzt auf eine Acht-Kilometer-Kraxelei zu ihrem Haus in den Bergen machen.

Ein Spaziergang führt zum Strand, vielmehr zu den Stränden, denn es gibt deren mehrere; alle sind kieselig, und nur ein einziger, Mazzaró, ist recht bevölkert. Der attraktivste, Isola Bella, eine geschützte Bucht mit Wasser so klar wie aus einer Regentonne, liegt zweieinhalb Kilometer unmittelbar unter uns; die Schwierigkeit ist, wieder hinaufzukommen. Ein paarmal sind wir nach Taormina gelaufen und haben dort den Bus genommen oder ein Taxi.

Meist aber gehn wir zu Fuß. Schwimmen kann man von März bis Weihnachten (sagen die Mannhaften), doch ich gestehe, daß ich nicht allzu begeistert war, bevor wir die Tauchermaske kauften. Die Maske hatte eine runde gläserne Sichtplatte und einen Schnorchel, der sich schließt, wenn man taucht. Still zwischen den Felsen hinzuschwimmen ist so, als ob man eine neue visuelle Dimension entdeckt hätte: im Unterwasserdämmer taucht in beunruhigender Nähe ein rot phosphoreszierender Fisch auf; dein Schatten gleitet über ein Feld mit hermelinfarbenem Gras; blaue, silberne Luftblasen steigen von einem langbeinigen Etwas auf, das schlafend in einem Feld wehender Seeanemonen liegt, und es ist, als bewege sie ein Wind aus Musik: die Seeanemonen, die javanischen Ranken purpurfarbner Medusen. Wieder an Land, wie scheint die obere Welt so statisch, so schwerfällig.

Wenn wir nicht zum Strand gehn, gibt es nur einen einzigen Grund, das Haus zu verlassen: in Taormina einzukaufen und einen Aperitif auf der Piazza zu trinken. Taormina, eigentlich eine Tochterstadt von Naxos, der ältesten griechischen Kolonie in Sizilien, geht historisch bis in das Jahr 396 vor Christus zurück. Hier hat sich Goethe 1787 umgesehen. Er beschreibt es uns so:

«Setzt man sich nun dahin wo ehemals die obersten Zuschauer saßen, so muß man gestehen, daß wohl nie ein Publikum im Theater solche Gegenstände vor sich gehabt. Rechts zur Seite auf höheren Felsen, erheben sich Castelle, weiter unten liegt die Stadt, und ob schon diese Baulichkeiten aus neueren Zeiten sind, so standen doch vor Alters wohl eben Dergleichen auf derselben Stelle. Nun sieht man an dem ganzen langen Gebirgsrücken des Ätna hin, links das Meerufer bis nach Catania, ja Syrakus; dann schließt der ungeheure, dampfende Feuerberg das weite, breite Bild, aber nicht schrecklich, denn die mildernde Atmosphäre zeigt ihn entfernter und sanfter, als er ist.»

Goethes Standort war das griechische Theater, eine prachtvolle, auf steiler Anhöhe gelegene Ruine, wo heute noch gelegentlich Theateraufführungen und Konzerte stattfinden. Taormina ist so ausgefallen in der Szenerie, wie Goethe behauptet; doch ist es eine seltsame Stadt. Während des Krieges war sie das Hauptquartier Feldmarschall Kesselrings; infolgedessen bekam sie ihr Teil vom Bombardement der Alliierten ab. Der Schaden war gering. Trotzdem bedeutete der Krieg für die

Stadt den Ruin. Bis 1940 war sie, Capri ausgenommen, der beliebteste Mittelmeerort südlich der französischen Riviera. Obwohl die Amerikaner nicht hingingen, zumindest nicht in nennenswerter Zahl, besaß es beträchtliche Anziehungskraft für Engländer und Deutsche. (Ein Sizilienführer, von einem Engländer verfaßt und 1905 veröffentlicht, vermerkt: «Taormina ist überschwemmt von Deutschen. In manchen Hotels hat man eigene Tische für sie, weil die andren Nationen nicht gern mit den Deutschen zusammensitzen.») Heutzutage sind die Deutschen natürlich nicht in der Lage, zu reisen, aufgrund der Devisensparmaßnahmen sind es die Engländer ebensowenig. Im vergangenen Jahr war das San Domenico, ein altes Kloster, das gegen Ende des neunzehnten Jahrhunderts in ein höchst luxuriöses Hotel verwandelt wurde, nie mehr als zu einem Viertel belegt; vor dem Krieg mußte man ein Jahr im voraus buchen. Diesen Winter eröffnet die Stadt, als vielleicht verzweifeltes letztes Mittel, ein internationales Publikum anzulocken, ein Spielkasino. Ich wünsche dem Unternehmen Glück: es ist unbedingt notwendig, daß jemand herkommt und all die handgewirkten Hüte und Taschen kauft, die in den Läden am Korso herumliegen. Was mich betrifft, so gefällt mir Taormina so, wie es ist; es

bietet die Annehmlichkeiten eines Touristen-
zentrums (fließendes Wasser, einen Laden mit
ausländischen Zeitungen, eine Bar, wo man
einen guten Martini bekommt) ohne Touri-
sten.

Die kleine Stadt erstreckt sich zwischen zwei
Toren; in der Nähe des ersten, der Porta Mes-
sina, ist ein kleiner, von Bäumen beschatteter
Platz mit einem Brunnen und einer steinernen
Mauer, an der entlang die einheimischen Mü-
ßiggänger aufgereiht sind wie Vögel auf einem
Telefondraht. Bei einem meiner ersten Spaziergänge durch Taormina verblüffte es mich, auf
dieser Mauer einen alten Mann sitzen zu sehen, der Samthosen trug und in einen schwarzen Umhang gehüllt war; sein Hut, ein oliv-
grüner weicher Filz, war zu einer dreispitzarti-
gen Haube gebeult, deren Rand sein breites,
gelbliches, leicht mongolisches Gesicht be-
schattete. Es war in sich eine verblüffend thea-
tralische Erscheinung, bis mir bei näherem
Hinschaun klar wurde, daß es André Gide
war.

Während dieses Frühlings und Frühsom-
mers sah ich ihn häufig dort, entweder unbe-
achtet auf der Mauer sitzend, scheinbar
irgendeiner der alten Männer, oder sinnend
beim Brunnen, wo er, seinen Umhang in
shakespearescher Manier um sich gezogen, im

Wasser sein eigenes Spiegelbild zu betrachten schien: *si jeunesse savait, si vieillesse pouvait*.

Unter den aufgesetzten Glanzlichtern ist Taormina eine ganz normale Stadt, und seine Bewohner haben ganz normale Ambitionen und Beschäftigungen. Doch haben viele von ihnen, insbesondere die jungen Männer, eine Mentalität, die ich die von Hotelkindern nenne, von Kindern, die immer in Hotels gelebt haben und wissen, daß alles vergänglich ist, daß man sich nie gefühlsmäßig binden darf, weil Freundschaft eine Angelegenheit von wenigen Tagen ist. Diese jungen Leute leben sozusagen «außerhalb» der Stadt; sie interessieren sich für die Fremden, nicht so sehr aus gewinnsüchtigen Motiven als wegen der Distinktion, die ihnen in ihren Augen die Bekanntschaft mit Engländern und Amerikanern verleiht, und da die meisten von ihnen auf primitive Art mehrere Sprachen sprechen, verbringen sie ihre Tage in den Cafés an der Piazza, wo sie höflich und affektiert mit den Reisenden plaudern.

Es ist eine prachtvolle Piazza, die sich um eine Felsterrasse mit Blick auf den Ätna und das Meer gruppiert. Sardische Spielzeugesel, vor elegant geschnitzte Wagen gespannt, stolzieren mit klingelnden Glöckchen vorbei; ihre Wagen sind mit Bananen und Orangen beladen. An den Sonntagnachmittagen, während die städtische Kapelle ein wunderliches, aber attraktives Konzert gibt, findet die große Promenade statt, und wenn ich zugegen bin, halte ich stets Ausschau nach der Metzgerstochter, einem dicken, muskulösen Mädchen, das die ganze Woche über mit der Wildheit zweier Männer das Fleischerbeil schwingt; am Sonntag aber, frisiert und parfümiert, ist um sie, die auf fünf Zentimeter hohen Absätzen daherschwankt, begleitet von ihrem Verlobten, einem schmalen Jungen, der ihr nicht ganz bis zur Schulter reicht, ein Zauber, eine Atmosphäre des Triumphs, vor der die spöttische Zunge verstummt: sie besitzt den Stolz, das Selbstvertrauen, das den Geist einer echten Promenade ausmacht. Zuweilen tauchen auf der Piazza wandernde Unterhalter auf: bockgleiche Bergbuben, die auf fellbespannten Sackpfeifen quälende, jodlerverwandte Weisen spielen; oder, wie im Frühling, ein Sänger, ein Kind, dessen Familie sich dadurch erhält, es alljährlich rund um die Insel reisen zu lassen: sein Podium war der Ast eines Baumes, und da sang er, den Kopf zurückgeworfen und die Kehle bebend vom herzbrechenden Soprangesang, sang, bis seine Stimme in traurigstem Flüstern verebbte.

Beim Einkaufen ist der *tabacchi* meine letzte

Station, ehe ich aufs Land hinausgehe. In Sizilien sind alle Tabakhändler reizbare Burschen. Für gewöhnlich sind ihre Läden voll, aber wenige Kunden kaufen mehr als drei oder vier einzelne Zigaretten: die verbrauchten Männer legen mit zögernder Feierlichkeit ihre zerfetzten Lire hin, prüfen dann umständlich die Zigaretten, die lumpigen Zigarren, die ihnen zugeteilt wurden – dieser Besuch im *tabacchi* scheint für sie das wichtigste Ereignis des Tages zu sein; vielleicht räumen sie ebendeshalb so zögernd ihren Platz in der wartenden Schlange.

Es gibt ungefähr zwanzig verschiedene sizilianische Zeitungen; in großen Girlanden hängen sie vor dem Tabakladen. Als ich eines Nachmittags in die Stadt ging, begann es zu regnen. Es war kein heftiger Regen; doch die Straßen lagen verlassen, keine Menschenseele war zu sehen, bis ich zum *tabacchi* kam – da war eine Menge um die Zeitungen versammelt, die mit schreiend aufgemachten Schlagzeilen im Regen flatterten. Kleine Jungen standen barhäuptig achtlos im Regen und steckten die Köpfe zusammen, während ein älterer Knabe, auf das riesige Foto eines Mannes deutend, der in einer Blutlache hingestreckt lag, ihnen vorlas: Giuliano tot, in Castelvetrano erschossen. *Triste, triste*, eine Schande, ein

Jammer, sagten die Älteren; die Jungen sagten gar nichts, aber zwei junge Mädchen gingen in den Laden und kamen jede mit einem Exemplar von *La Sicilia* heraus, einer Zeitung, deren ganze Vorderseite ein Riesenporträt des getöteten Verbrechers einnahm; ihre Zeitungen vor dem Regen schützend, rannten die Mädchen, Hand in Hand, schlitternd die regenglänzende Straße entlang.

Und dann kam der August; wir spürten die Sonne, bevor sie noch aufgegangen war. Seltsamerweise waren hier auf dem freistehenden Berg die Tage kühler als die Nächte. Denn meist wehte vom Wasser her eine steife Brise; mit Sonnenuntergang drehte sich der Wind, blies meerwärts, gen Süden, nach Griechenland, Afrika. Es war ein Monat schweigender Blätter, fallender Sterne, roter Monde, eine Zeit prächtiger Nachtfalter und schlafender Eidechsen. Die Feigen platzten auf, die Pflaumen wurden rund, die Mandeln hart. Eines Morgens beim Aufwachen hörte ich das Klappern von Bambusstöcken in den Mandelbäumen. Im Tal drunten und auf den Hügeln drüben schlugen Hunderte von Bauern, im Familienverband arbeitend, die Mandeln herunter, lasen sie dann vom Boden auf; und dabei sangen sie sich zu, eine Stimme führte die andern; es waren maurische, flamencoähnliche Stimmen, deren Lieder nirgendwo begannen und nirgends endeten und die doch das Wesen von Arbeit, Glut und Ernte enthielten.

Eine Woche brachten sie die Mandelernte ein, und jeden Tag erreichte der Gesang eine leicht verrückte Intensität. Ich konnte seinetwegen nicht mehr denken; in mir war ein so überwältigendes Gefühl von jenseitigem Leben. Gegen Ende, während der tollen letzten Tage, schienen die leidenschaftlichen Stimmen sich aus dem Meer zu erheben, den Mandelwurzeln; man kam sich vor wie in einer Echohöhle verirrt, und wenn die Dunkelheit kam und die Stille, hörte ich noch immer, noch im Einschlafen, den Gesang. Obwohl man versuchte, ihn zu verdrängen, schien er im Begriff, eine traurige, quälende Geschichte zu erzählen, im Begriff, eine furchtbare Kunde zu bringen.

Wir haben nicht oft Besuch in Fontana Vecchia: der Weg ist zu weit für unerwartete Besucher, und es vergehen Tage, ohne daß jemand an unsre Tür klopft, den Eisjungen ausgenommen. Der Eisjunge ist ein blonder, amüsanter, gelehrtenhaft wirkender Elfjähriger. Er hat eine schöne junge Tante, zweifellos eines der hübschesten jungen Mädchen, die ich je gesehn habe, und oft spreche ich mit ihm von ihr.

Warum, wollte ich wissen, hat A., die Tante, keinen Verehrer? Warum ist sie immer allein, erscheint sie nie beim Tanz oder der sonntäglichen Promenade? Weil seine Tante, sagt der Eisjunge, mit den Männern aus der Gegend nichts anfangen kann, weil sie sehr unglücklich ist und sich einzig danach sehnt, nach Amerika zu gehen. Vielleicht. Doch meine eigne Theorie ist, daß die männlichen Mitglieder ihrer Familie so eifersüchtig auf sie sind, daß sich niemand in ihre Nähe wagt. Sizilianische Männer bestimmen ganz genau, was ihre Frauen tun und was nicht; und Gott weiß, warum, die Frauen scheinen es zufrieden.

Unsre Köchin zum Beispiel, G., die neunzehn ist, hat einen wenig älteren Bruder. Eines Morgens erschien sie mit aufgeplatzter Lippe, blaugeschlagenen Augen, einer Messerwunde im Arm und von Kopf bis Fuß mit gelbgrünen Flecken bedeckt. Es war ein erstaunlicher Anblick; eigentlich hätte sie ins Krankenhaus gehört. Einseitig lächelnd, erklärte G., nun, ihr Bruder habe sie verdroschen; sie hätten gestritten, weil er fand, sie ginge zu häufig zum Strand. Natürlich hielten wir das für einen absurden Vorwurf; wann ging sie zum Strand – des Nachts? Ich erklärte ihr, sie solle sich nicht dran stören, ihr Bruder sei häßlich und brutal. Ihre Antwort lief darauf hinaus, daß ich mich

um meine eignen Angelegenheiten kümmern
solle; ihr Bruder sei ein feiner Kerl, sagte sie.
«Er sieht gut aus und hat viele Freunde – nur
zu mir ist er brutal.» Trotzdem ging ich zu unserem Hausbesitzer und beschwerte mich,
verlangte, man solle G.s Bruder mitteilen, wir
würden es nicht dulden, daß seine Schwester
in derartiger Verfassung zur Arbeit komme.
Er schien verblüfft: wieso ich auf die Idee
käme, den Bruder zu tadeln? Schließlich habe
ein Bruder das Recht, seine Schwester zu stra-
fen. Als ich mit dem Eisjungen darüber
sprach, stimmte er dem Hausbesitzer bei und
erklärte nachdrücklich, wenn er eine Schwester hätte, die ihm nicht gehorche, so würde er
sie ebenfalls verdreschen.

Eines Abends im August, als der Mond so
unnatürlich war, hatten der Eisjunge und ich
einen kleinen, aber frösteln machenden Mei-
nungsaustausch. Was halten Sie vom Wer-
wolf? fragte er mich. Fürchten Sie sich davor,
bei Dunkelheit auszugehen? Zufällig hatte ich
grade an jenem Tag von der Werwolfangst erfahren: ein Junge, der sich spätabends auf dem
Heimweg befand, war von einem heulenden
Tier gejagt worden, einem Menschen auf vier
Beinen. Doch ich lachte. Man glaubt doch
nicht an Werwölfe, oder etwa doch? «Früher
gab es viele Werwölfe in Taormina», sagte er

und sah mich mit seinen grauen Augen unverwandt an; dann setzte er mit verächtlichem Achselzucken hinzu: «Jetzt gibt es nur noch zwei oder drei.»

Und so kam der Herbst, wir sind mittendrin, ein Tambourinwind, ein Hauch von Nebel geistert durch die gelben Bäume. Es war ein gutes Jahr für die Weintrauben; in der Luft hängt süß der Duft von abgefallenen, ins Laub eingebetteten Trauben, von jungem Wein. Um sechs stehn die Sterne am Himmel; doch noch ist es nicht zu kühl, um auf der Terrasse einen Cocktail zu trinken und im hellen Sternenlicht zu beobachten, wie die Schafe mit ihren Buster-Keaton-Gesichtern von der Weide herunterkommen und die Ziegen, deren Herdenbewegung sich anhört, als würden trockne Zweige über den Boden geschleift. Gestern haben uns Männer eine Wagenladung Holz gebracht. So fürchte ich mich nicht vor dem nahenden Winter: was kann man sich Besseres ausmalen, als beim Feuer zu sitzen und auf den Frühling zu warten?

Deutsch von Marguerite Schlüter

Griechische Skizzen

Vor einigen Sommern luden mich italienische Freunde auf eine Kreuzfahrt zu den griechischen Inseln an Bord einer besonders eleganten Segeljacht ein. An einem Julimorgen sollten wir von Piräus auslaufen. Das Meer war ruhig, das Schiff funkelte, der Kapitän und seine Crew erwarteten uns in Uniformen so weiß wie die Kirchen von Mykonos; und ich war zur Stelle, o ja. Unglückseligerweise hielt meine Gastgeber eine plötzliche Tragödie zurück, ein Todesfall in der Familie. Doch obwohl sie nicht kommen konnten, bestanden sie darauf, daß ich die Kreuzfahrt machen solle. Man stelle sich das vor: – eine ganze Jacht zur Verfügung eines einzigen Passagiers! Nur der verrückteste, reichste, größte Egoist konnte ein derart ausgefallenes Unternehmen planen. Da es sich aber durch Zufall ergeben hatte, empfand ich weder Schuld noch Unschlüssigkeit.

Avanti.

Und hier sind ein paar Notizen von dieser Reise.

Pfirsiche

Ich mache mir nichts aus griechischen Weinen; es gibt jedoch einen ungeharzten Weißwein, der so trocken und leicht ist wie die besten italienischen Soaveweine. Er heißt King Minos, und grade eben habe ich, im Sternenlicht auf dem Achterdeck sitzend, eine halbe Flasche davon getrunken und zwei riesengroße Pfirsiche dazu gegessen. Pfirsiche so groß wie Warzenmelonen und in der Farbe wie das Fleisch dieser Früchte. Pfirsiche von köstlich weicher Konsistenz und saftstrotzender likörähnlicher Süße. Und zu denken, daß sie das Produkt einer griechischen Insel sind, dieser gebirgigen Winzigkeit meerumschlossener Unfruchtbarkeit. Vom blühendsten persischen Garten hätte man es kaum für möglich gehalten, daß er solche Pfirsiche hervorbringen könnte – wieviel weniger also von diesen sonnenversengten Felsen. Und doch ist es wahr, denn der Koch hat sie auf Santorin gekauft, wo wir für die Nacht vor Anker gegangen sind.

Die Mannschaft ist an Land gegangen: hoch und immer höher hinauf nach Santorin. Eine ordentliche Kletterei, eine Angelegenheit von mehreren tausend Stufen und schwindelmachenden Ausblicken. Ich habe diesen Weg heute nachmittag auf dem Rücken eines je-

ner gebrechlichen mutigen kleinen fliegenge-
plagten Esel zurückgelegt, gepriesen sei sein
strapaziertes Herz. Ich empfand es als höchst
beschämend, und außerdem war ich wund-
geritten, also machte ich den Rückweg zu Fuß.

Der Himmel ein Sternen-Freudenfeuer – so
flammend wie die Himmel über der Sahara.
Das Wiegen von Segelbooten. Das Wiegen ver-
täuter Segelboote. Musik aus einem Hafencafé.
Ein ouzoduftender alter Mann, der vor dem
Café tanzt. Der kühle King Minos, der mein
Blut erwärmt, der nachwirkende Geschmack
von Pfirsichen, der Duft von Pfirsichhaut, der
die milde, salzhaltige Luft durchtränkt.

Meltemi

Meltemi, dieser verteufelte Wind. Gestern er-
wischte er uns, ein unvermeidliches Ereignis
auf dem sommerlichen griechischen Meer,
denn dieser vermaledeite Wind weht fast den
ganzen Juli und August hindurch. Vor ein paar
Jahren verbrachte ich einen Sommer auf den
Kykladen, auf der Insel Paros, die zweifellos
der Lieblingsaufenthalt des Meltemi ist: er ver-
läßt sie praktisch nie, wirbelt vielmehr heulend
um die Insel wie die Spektralstimmen ertrun-
kener Seeleute, Jahrhunderte von an den Klip-
pen zerschmetterten Seeleuten.

Es *ist* ein böser Wind, launisch und quälend. Und zu denken, wie er sich auf die Wirtschaft auswirkt, die Ernährung der Inselbewohner: wenn die Fischer nicht fischen können, was sie eben nicht können, wenn der Meltemi braust, reduziert sich der ohnehin schon reichlich magere Speisezettel eines Inselbewohners um die Hälfte. Der April ist der beste Monat, um hierherzukommen: ganze Felder mit wildwachsenden Blumen, wilde Anemonen, weiße Veilchen, und das Wasser, so grün wie Frühlingsknospen, ist eben warm genug für ein kurzes Bad. April – oder aber der späte September, wenn das Wasser noch warm genug ist (sofern man nichts dagegen hat, es mit fortziehenden Wildgänsen zu teilen, die unversehens vom Himmel herabschießen und neben einem dahinschwimmen) und der Meltemi nicht länger auf der Lauer liegt.

Bis gestern aber habe ich ihn nie auf offenem Meer erlebt. Ich war unter Deck, als er uns erreichte; gleichwohl hörte ich, wie er übers Wasser daherkam – ein geheimnisvolles, die Wasser kräuselndes federleichtes Etwas. Das Schiff schlingerte, wirbelte herum, Fische lugten durch die Bullaugen; es schien, als ob der Mast bräche: wie nahe wir alle dem Moment sind, da wir uns in den Klagechor der ertrunkenen Seeleute einreihen! Er legte sich, als die

28

Dämmerung hereinbrach, und wir suchten eilig Zuflucht in einer kleinen Bucht.

Eine schreckensvolle Geschichte

Die Besatzung besteht aus Jugoslawen, Griechen, größtenteils aber Italienern. Der Kapitän ist Italiener. Er macht sich nicht viel aus der Jacht, weil er Segeljachten generell nicht mag, nicht einmal die schwarze Perle der Ägäis, Niarchos' *Creole*. Er sagt, daß sie zwar romantisch sind, aber für die Mannschaft zuviel Arbeit bedeuten. Er spricht Englisch, spricht es gut, und ist ein noch jüngerer Mann mit dramatischen Augen und dunkelgetönter Stimme; er hätte ohne weiteres Schauspieler sein können, und alle Schauspieler sind Lügner, ich habe noch keinen getroffen, der es nicht gewesen wäre. Vielleicht aber ist der Kapitän kein Lügner. Wie dem auch sei, heute morgen passierten wir Delos, ohne anzulegen, weil ich schon zweimal dort war, und der flüchtige Anblick der marmornen Trümmer, die im schimmernden Lavendeldunst vorüberglitten, rief ihm eine Geschichte ins Gedächtnis. Er erzählte sie mir beim Mittagessen. Er schwor, sie sei wahr.

«Es geschah, als ich ein Junge von siebzehn Jahren war und in der Mannschaft einer Jacht, die einem Engländer gehörte, Lord Sickle. Lord Sickle vercharterte häufig seine Jacht, und im August jenes Jahres charterte sie eine schöne Engländerin: eine Witwe, vierzig Jahre vielleicht, sehr groß, schmale Taille, voller Anmut. Sie hatte einen Sohn, einen Knaben von ungefähr sechzehn, und auch er war sehr schön und anmutig. Doch er war ein Krüppel: das eine verkümmerte Bein in einer Schiene, er ging mit zwei Stöcken. Aber dieser Junge war ein Genie. Ein Gelehrter, ihm zuliebe unternahm seine Mutter die griechische Kreuzfahrt; er wollte die Orte sehen, die er aus seinen Studien so gut kannte.

Sie kamen in Begleitung einer Zofe und eines Dieners an Bord; von diesen beiden abgesehen, waren sie allein, und ich habe oft gedacht, was für ein Jammer das war. Vielleicht wäre es nicht passiert, wenn sie Freunde bei sich gehabt hätten.

Es gab da eine seltsame Insel, die der Junge besuchen wollte. Nördlich von Delos. Ja, nördlich. Ich kann mich nicht genau erinnern. Es war eine Insel von wenigen Morgen Umfang und so gut wie unbekannt; er jedoch kannte sie und sagte: es gebe dort einen guterhaltenen Tempel.

Wir kamen am Nachmittag an und mußten wegen der Untiefen mehr als eine Meile weit draußen vor Anker gehen. Der Junge war sehr aufgeregt. Er hatte beschlossen, das Abendessen mitzunehmen und die Nacht allein mit seiner Mutter auf der Insel zu verbringen; er wollte den Tempel im Mondlicht sehn und am Strand schlafen. Die Mutter liebte ihn sehr. Zu sehr. Sie lachte und gab Auftrag, ein Picknick herzurichten.

Ich war es, der sie hinüberruderte, sie an Land setzte; und ich war es, der in der Morgendämmerung zurückkam, sie abzuholen. Der Junge war tot, zum Skelett abgefressen; und die Mutter, die ich im Wasser watend fand, war unkenntlich – furchtbar verstümmelt, halb wahnsinnig.

Monate später erst, Monate, die sie in einem Athener Krankenhaus zubrachte, war sie imstande, einem Untersuchungsgericht zu berichten, was geschehen war. ‹Anfangs war es sehr friedvoll und schön›, sagte sie. ‹Wir wanderten um den Tempel herum bis zur Dämmerung und breiteten dann unser Abendbrot auf den Stufen aus; schau nur, sagte mein Sohn Eric, es wird Vollmond. Wir sahen die Lichter unserer Jacht, die sich weit draußen wiegte – ich wünschte, wir hätten den Matrosen bei uns behalten. Denn als der Mond zunahm und heller strahlte, erfaßte mich irgendwie Mißtrauen in die Landschaft. Und allmählich wurde ich mir eines Geräuschs bewußt. Klauen. Ein eisiges Trippeln. Und eine riesige braune Ratte, noch eine und noch eine, sprangen mit reißenden Zähnen mitten in unser Picknick. Eine Horde von Ratten ergoß sich aus dem Tempel, zu Hunderten stürzten sie sich im Mondschein auf uns. Eric schrie auf; er versuchte wegzurennen und fiel hin, ich mußte ihn an den Armen ziehen, aber die Ratten holten uns ein, waren überall um und über uns, sie schwammen uns sogar im Wasser nach, zerrten Eric zurück auf den Strand, und keiner hörte mich die ganze Nacht lang, während ich da im Wasser blutete und schrie und weinte.›» Der Kapitän brannte sich eine Zigarre an. «Diese Frau lebt noch. Sie lebt in Nizza. Ich habe sie gesehen – auf der Promenade, sie saß in einer Kutsche. Sie trägt einen langen Schleier. Man hat mir gesagt, daß sie mit keinem Menschen spricht.»

Beobachtungen

1. Vielen gebildeten Griechen ist eine snobistische Neigung gemeinsam – von ihren Fingernägeln besessen, beschäftigen sie sich unaufhörlich mit deren Pflege und lassen die des kleinen Fingers an beiden Händen so lang wachsen wie die der Dragon Lady. Damit tun

sie dem niederen Volk kund, daß sie mit dem Kopf arbeiten, nicht mit ihren Händen.

2. Griechische Geschäftsleute teilen auch ein exzentrisches Hobby: das Spiel mit auf Schnüren gezogenen kleinen Bernstein- oder Elfenbeinkugeln, wobei ihre nervösen Finger sich reibend und zählend ruckartig von Kugel zu Kugel bewegen. Angeblich befreit dies Tun vom Stress der Geschäfte und verhindert Magengeschwüre.

3. Und den meisten Griechen, Männern wie Frauen, gemein ist der medizinische Aberglaube. Das bescheidenste Dorf hat einen Verkäufer, der kleine Nachbildungen von Händen, Herzen, Füßen, Ohren, Augen feilbietet, die aus poliertem Walzzinn gestanzt sind. Wenn Sie, sagen wir einmal, einen Herzinfarkt hinter sich haben, nun, so erwerben Sie einfach ein Zinnherz, tragen es immer bei sich, und alsbald wird das jetzt noch leidende Organ sich auf magische Weise selbst geheilt haben. Die Wahren Gläubigen rekrutieren sich nicht allein aus Bauern und Hausfrauen des Mittelstandes, zu ihnen gehören auch viele Intellektuelle. Als ich auf Paros lebte, erwähnte ich einmal Professor Kalliope gegenüber, einem Linguisten von großem Ruf, daß mein Vater praktisch blind war und ich große Furcht davor hätte, ebenfalls das Augenlicht

zu verlieren. Er kaufte mir ein Paar Zinnaugen und bestand darauf, daß wir durch flimmernde Hitzewände (es war August) zu einem Nonnenkloster in den Bergen pilgerten, in dem eine ungewöhnliche, mit Hexenkräften begabte Äbtissin residierte: sobald sie erst einmal meine Medaillen gesegnet hätte, würde ich meiner Sorgen enthoben sein. Im Kloster angelangt, kam ich mir vor wie ein gefangener Missionar in einem gefahrvollen Hottentottendorf: die Nonnen, für die Besucher etwas höchst Ungewohntes waren, versammelten sich um mich, kicherten und stupsten und zwickten mich – ja, zwickten regelrecht, als wollten sie prüfen, wieviel Saft ich hergäbe, wenn es ans Kochen ging. Bald jedoch gelang es dem Professor, sie zu beruhigen, und man brachte uns kaltes Wasser und eine kandierte Näscherei, die nach Rosen roch und in jedem Stück ein Rosenblatt barg. Was die Äbtissin anlangt, so kamen wir zu spät: sie war eine Woche zuvor gestorben.

Die blaue Bucht

Die einzige Art von Landschaft, die mich langweilt, ist eine, von der ich mir nicht vorstellen kann, einen Teil zu kaufen: wenn ein Ort nur das mindeste Hochgefühl hervorruft, erwäge ich auf der Stelle, ein Haus zu kaufen oder zu bauen. Ach, diese Hunderte von Besitztümern, die ich im Geist errichtet habe! Doch jetzt ist etwas Ernstes eingetreten. Während der letzten Tage sind wir um Rhodos gekreuzt, haben lange in der vollkommenen kleinen Bucht von Lindos gelegen. Ein amerikanischer Freund, der ein Haus oberhalb von Lindos besitzt, nahm mich mit, um etwas anzusehen, das ich seiner Ansicht nach erwerben sollte. Ich teile seine Ansicht. Es ist ein kleines steinernes Bauernhaus, inmitten einer hufeisenförmigen Bucht gelegen; der Strand besteht aus feinstem Sand, und das Wasser, das von allen Seiten geschützt ist, flimmert ruhig wie ein Saphir im Schaufenster eines Juweliers. Für dreitausend Dollar könnte ich es mein eigen nennen: mit einer Investition von weiteren fünf- oder sechstausend ließe sich das Haus aufs köstlichste herrichten. Eine Aussicht, die die Phantasie zum Sieden bringt.

Nachts denke ich Ja, ich werde es tun, aber am Morgen erinnere ich mich – der Politik, der altbekannten Sterblichkeit – störender gefühlsmäßiger Bindungen, der Unmöglichkeiten der griechischen Sprache, einer Trillion von Schwierigkeiten. Und dennoch sollte ich den Mut aufbringen; nie wieder werde ich etwas so vollkommen Ideales finden wie dies.

Im Café

Ich verließ die Jacht in Rhodos und flog heute morgen nach Athen. Jetzt, kurz vor Mitternacht, sitze ich allein in einem Straßencafé am Syntagma-Platz. Es sind nicht viele Gäste da, eine aber erkenne ich wieder – wir sind uns vor Jahren in Tanger begegnet, wo sie unbestritten die Königin der Kasbah war (Variante der Südstaaten-Schönheit): Eugenia Bankhead, Tallulas noch zungenfertigere Schwester. Sie streitet mit ihrem Begleiter, einem Neger.

Nähere Betrachtung zeigt, daß viele Weltenbummler, die früher in Tanger herumlungerten, nach Athen abgewandert sind. Auf der meinem Platz gegenüber liegenden Straßenseite sehe ich jede mögliche Spielart von Rauschgifthändlern, vom muskulösen Hafenarbeiter zur fetten ägyptischen Schönheit mit gewellter Platinperücke.

Es ist sehr heiß, und der überall gegenwärtige weiße Staub von Athen steht in der Luft wie ein Schleier, überzieht Straße und Tisch wie der fahle rauhe Belag auf der Zunge eines Gallenleidenden. Ich denke an das steinerne Haus in der kleinen blauen Bucht. Doch das ist alles, was ich je tun werde: daran denken.

Deutsch von Marguerite Schlüter

Haus auf den Höhen

*I*ch lebe in Brooklyn. Aus freien Stücken.
Wer seine Reize nicht kennt, fragt sich mit
Recht, warum. Denn im ganzen gesehen ist es
eine reizlose Gegend. Ein regelrechtes Ödland,
dessen Geschmacklosigkeit von den *noms de
quartiers* noch betont wird: Flatbush und
Flushing Avenue, Bushwick, Brownsville, Red
Hook. Gleichwohl trifft man in dem grünlosen
Rußgrau auf Oasen, leuchtende Kontraste,
volltönende Echos besserer Tage. Das unver-
fälschteste Beispiel jener scheinbaren Fata
Morganas ist die Gegend, in der ich wohne, ein
Bezirk, der als die Höhen von Brooklyn be-
kannt ist. Höhen, weil er hoch oben auf einer
Klippe liegt, die einen Möwenblick auf die
Brücken von Manhattan und Brooklyn bietet,
auf den phantastischen Glanz des tiefergelege-
nen Manhattans und die Fahrrinnen der
Dampfer, vom Fluß über die Bucht hin zum
Ozean, die die in Positur stehende Freiheitssta-
tue umkreisen, an ihr vorbeischäumen.

Ich bin nicht sonderlich vertraut mit der ex-
akten Geschichte der Höhen von Brooklyn. Jedoch *glaube* ich (bitte verlassen Sie sich nicht

37

darauf), daß das älteste Haus, das älteste erhaltene und noch bewohnte, unseren rückwärtigen Nachbarn gehört, Mr. und Mrs. Philip Broughton. Ein silbriggraues Holzschindelhaus im Kolonialstil, von reichbelaubten Bäumen beschattet, 1790 von einem zur See fahrenden Kapitän erbaut. Zeitgenössische Stiche, mit 1830 datiert, zeigen die Höhen als verträumten Hafen, den geblähte Segel beleben; und tatsächlich waren viele der schöneren Häuser dieser Gegend, insbesondere die im föderalistischen Stil erbauten, ursprünglich dazu bestimmt, die Familien der Schiffskapitäne zu beherbergen. In ihrer freundlichen Nüchternheit so elegant und einer anderen Zeit entstammend wie formelle Visitenkarten, zeugen diese Häuser von einer Epoche mit tüchtigen Dienstboten und gediegener Behaglichkeit im häuslichen Kreis, mit Pferden in glöckchenbesetztem Geschirr (überall findet man hier alte, aus rosaroten Backsteinen erbaute Remisen; jetzt natürlich allesamt in freundliche, wenngleich ein wenig puppenhafte Wohnstätten verwandelt); sie beschwören die Erscheinung bärtiger seefahrender Väter und haubentragender das Haus hütender Frauen: liebende Eltern vielköpfiger Sippen von zukünftigen Bankiers und vornehmen Bräuten. Rund ein Jahrhundert lang muß es so ausgesehen haben: eine Zeit mit Straßen, die von Bäumen beschirmt waren, mit biegsamen Weidenpfaden, Augustgärten voller Hummeln und würzigem Kräuterduft, mit Schiffshörnern auf dem Fluß, Segeln im Wind und einer ländlichgrünen Wiese, die sich bis zum Hafen hinunterzog, einer Wiese mit grasenden Kühen und mit Schmetterlingen, wo die Kinder windige Sommernachmittage verrekelten und im Dezemberschnee das Knirschen der Schlitten widerhallte.

Hat es so ausgesehen? Ich könnte mir vorstellen, daß mein Bild allzu große Ähnlichkeit mit einer Traumpostkarte hat. Doch wie dem auch sein mag, meine Traumpostkarte nimmt die strengen Züge eines Stahlstichs an, während wir durch die zweite Hälfte des vorigen Jahrhunderts schlendern, Hand in Hand mit Henry Ward Beecher, dessen Kirche einst das geistige Leben der Höhen beherrschte. Über dem Fluß schwebte jetzt die große Brücke, die 1883 eingeweiht wurde; und der Hafen, der sich mit jedem Jahr ausdehnte, immer mehr ein Ort rauher, lebhafter Geschäftigkeit wurde, vertrieb die Kinder von der Wiese, ließ diese Wiese verdorren, verschluckte sie, um Raum zu schaffen für schwarze palastgroße Lagerhäuser, die von eingeschleppten Taranteln kribbelten und den Gestank verfaulter Bananen ausströmten.

Um 1910 hatte die Gegend mit ihren stillen Gäßchen und verborgenen Plätzen und Straßen, die zuweilen gradlinig verlaufen, ebensooft aber gekrümmt, um irgendwo einfach aufzuhören, grimmigere Veränderungen erfahren. Abkömmlinge von Reverend Beechers steifkragiger Herde hatten begonnen, zu anderen Triften abzuwandern; und Einwanderersippen, die anfänglich die Nachbarschaft eingekreist hatten, drangen mit einemmal in Scharen ein. Woraufhin die Mehrzahl derer, die von den vornehmen alten Familien übriggeblieben waren und gewissermaßen den Satz am Boden der Flasche bildeten, geschlossen ihre Häuser verließen, sie der Zerstörung oder der Umwandlung in häßliche, verwahrloste Mietshäuser preisgebend. So daß 1925 Edmund Wilson in einem den seiner Ansicht nach toten und sterbenden Höhen gewidmeten Artikel angewidert berichtete: «Noch immer repräsentieren die freundlichen roten und rosa Backsteinhäuser würdig die Generation Henry Ward Beechers; doch liegt jetzt ein ewiger Sonntag über ihnen; sie wirken wie in endgültiges Schweigen versunken. Auf den Straßen erhascht man vielleicht von fern einen flüchtigen Blick auf einen vereinzelten gutgekleideten alten Herrn, der langsam dahinschreitet; im großen ganzen aber sind die Leute von Stand verschwunden, und nur die Plebs ist übriggeblieben. Die freudlose Stille wird zerrissen vom schrillen Geschrei italienischer Kinder und von unaufhörlich aus schmutzigen Mietshäusern ertönenden mechanischen Klavieren, begleitet von menschlichen Stimmen, die beinahe ebenso mechanisch klingen wie sie. Des Nachts macht man auf den unbeleuchteten Straßen einen großen Bogen um Trunkenbolde, die im Schatten dunkler Hauseingänge auf dem Gehsteig ausgestreckt liegen; und ich habe es erlebt, daß ein totes Pferd nahezu drei Wochen auf der Straße liegenblieb – zwei Häuserblocks vom Hauptpostamt entfernt und nicht viel mehr von der Borough Hall –, ohne daß man Anstalten gemacht hätte, es wegzuschaffen.»

So bedrückend das hier skizzierte Bild ist, bewahrte sich die Gegend nichtsdestoweniger, von den billigen Mieten abgesehen, eine gewisse Anziehungskraft, die auf Künstlerkreise zu wirken begann. Unter denen, die von der ersten Welle hereingetragen wurden, war Hart Crane, dessen Dichterauge, auf den Blick aus seinem Fenster gerichtet, *The Bridge* entstehen ließ. Später, kurz nach dem Erfolg von *Schau heimwärts, Engel*, bezog hier Thomas Wolfe Quartier, der bekannte Pirschgänger durch Brooklyner Nächte: ein Apartment, ausgestattet mit dem berühmtesten Eisschrank der Literaturgeschichte, das er bewohnte, bis sein «überdimensionaler Kadaver» heimwärts zu den Hügeln von Carolina gebracht wurde. Einmal, während einer Reihe von Jahren nach 1940, konnte sich ein einziges, weiß Gott einzigartiges Haus in der Middagh Street einer Bewohnerliste rühmen, auf der folgende Namen standen: W. H. Auden, Richard Wright, Carson McCullers, Paul und Jane Bowles, Benjamin Britten, der englische Komponist, Oliver Smith, der Impresario und Bühnenbildner, Miss Gipsy Rose Lee, eine Mordgeschichten-Autorin, und ein Schimpanse samt Trainer. Jeder Bewohner dieser Elfenbeinturm-Pension trug sein Teil zu den Unterhaltskosten bei, zur Beleuchtung und Beheizung, zur Entlohnung einer gemeinschaftlichen Köchin (einer ehemaligen Cotton-Club-Sängerin), und alle hatte der Besitzer des Hauses eingeladen, dort zu wohnen, der höchst originelle Editor, Autor und *fantaisiste*, ein Gentleman mit guillotinescharfer Zunge und gleichwohl gütig und weichherzig, der verstorbene, zu Recht betrauerte George Davis.

George ist nicht mehr; und auch sein Haus steht nicht länger: die Erfordernisse irgendeines absurden städtischen Projekts führten während des Krieges dazu, daß es abgerissen wurde. In der Tat sahen die Kriegsjahre das Abgleiten der Gegend bis zum Nadir. Viele der stattlicheren alten Häuser wurden vom Militär requiriert, als Unterkünfte, Kantinen mit Jukeboxes, und die bäuerlichen hinterwäldlerischen Soldaten gingen mit ihnen nicht anders um als Sherman mit den Herrenhäusern von Dixieland. Nicht daß es ins Gewicht gefallen wäre; nicht daß es irgendwem etwas ausgemacht hätte. Kein Mensch kümmerte sich darum; bis dann, kurz nach dem Krieg, die Höhen eine gänzlich neue Schicht anzuziehen begannen, tatkräftige Pioniere, die mit Besen und Eimern voll Farbe anrückten: städtische, aufstrebende junge Ehepaare, großenteils mitten im Aufbau ihrer Arzt-Rechtsanwalts-Wallstreet-was-immer-Karriere begriffen, die sich voll Eifer daranmachten, den Höhen ihren abgewogenen, wohltuenden Zauber zurückzugeben.

Ihnen vermochte die Gegend vieles zu bieten: weitläufige große Häuser, die nur darauf warteten, wieder in Privathäuser zurückverwandelt zu werden, die Familien von der Größe früherer Zeiten beherbergen konnten; und ebensolche Familien hatten diese jungen Paare bereits gegründet oder waren doch im Begriff, sie etappenweise zu gründen. Und die Gegend ist sehr geeignet, Kinder aufzuziehen, denn der Verkehr ist hier gering und die Luft rein, voll herber Meeresfrische; es gibt Gärten zum Spielen, stille Plätze, auf denen man sich vergnügen kann; und vor allem ist da die Esplanade zum Rollschuhlaufen. (Verboten: aber die Gören tun es natürlich doch.) Wenngleich sie weit entfernt davon ist, einer Wiese voll Schmetterlingen zu gleichen, tut doch die Esplanade, eine hoch über dem Hafen gelegene terrassenähnliche Promenade, das unter den heutigen Gegebenheiten Bestmögliche, jenem Spielanger längst dahingegangener Mädchen und ihrer Brüder ähnlich zu sein.

So hat seit zehn Jahren und länger das Experiment einer Wiederbelebung der Höhen Fortschritte gemacht: bis zu jenem Punkt, an dem man von einem *fait accompli* zu sprechen versucht ist. Vor den Fenstern blühen Kästen mit Geranien; je nach der Jahreszeit fallen grüne Lichter durch das Blattwerk der Bäume oder brennt an den Straßenecken zusammengerechtes Herbstlaub; blumenbeladene Karren rollen vorüber, und der Blumenmann ruft seine Ware aus; in der Morgendämmerung hört man zuweilen einen Hahn krähen, denn es gibt eine Dame hier, die in ihrem Garten Hühner und einen Hahn hält. In Winternächten, wenn der Wind die Abschiedsrufe ausfahrender Schiffe herweht, den Rauch abendlicher Kaminfeuer über die Dächer treibt, hat man ein Gefühl, flüchtig und doch wirklich, wie das Flackern des Kaminfeuers, als habe sich der Kreis des Zeitenablaufs geschlossen, als sei der freundlichere Schimmer der Vergangenheit wiedergewonnen.

Wenngleich mir die Gegend durch gelegentliche Besuche seit langem vertraut war, begann doch meine engere Bindung an sie erst vor zwei Jahren, als ein Freund ein Haus in der Willow Street kaufte. An einem milden Maiabend lud er mich ein, es in Augenschein zu nehmen. Ich war zutiefst beeindruckt; voller Neid. Es hatte achtundzwanzig hohe, wohlproportionierte Zimmer und achtundzwanzig funktionierende marmorverkleidete Kamine. Eine herrliche Treppe erhob sich in weißen, schwangleichen Bogen bis hinauf zu einem Oberlicht aus sonnenhellem bernsteingoldnem Glas. Schöne Böden aus hartem, spiegelndem Holz; und die Wände! 1820, als das Haus erbaut wurde, wußten die Leute Wände zu mauern – dick wie ein Büffel, undurchlässig für die größte Kälte, die mörderischste Hitze.

Hohe Glastüren führten auf eine geräumige rückwärtige Veranda, die an Louisiana erinnerte. Eine Veranda unter einem Baldachin, völlig eingetaucht wie in ein Meer von Blättern unter einem alten, gleichwohl wunderbar kräftigen Weinstock, vollbehangen mit traubengleichen Glyzinienbüscheln. Dahinter ein Garten: ein Tulpenbaum, ein blühender Birnbaum, ein schwarzroter Vogel auf einem sanftgebeugten federleichten Forsythienzweig.

Wir sprachen im Dämmerlicht, mein Freund und ich. Wir saßen auf der Veranda und tranken Martinis – ich drängte ihn, noch einen zu trinken, und noch einen. Es wurde ziemlich spät, und dann begann er, die Dinge mit meinen Augen zu sehen: Ja, achtundzwanzig Zimmer *waren* eine Menge; und ja, es schien nur *recht und billig*, daß er mir ein paar davon einräumte.

Und so kam es, daß ich meinen Einzug in das gelbe Backsteinhaus in der Willow Street hielt.

Häufig vergeht eine Woche, ohne daß ich «einen Gang in die Stadt» mache oder «über die Brücke», wie die Nachbarn einen Ausflug nach Manhattan nennen. Verblüffte Freunde fragen mich, provinzielle Stagnation argwöhnend: «Aber was *tun* Sie denn da drüben?» Ich meinerseits kann nur sagen, daß das Leben hier manchmal höchst aufregend ist. Denken Sie nur an Oberst Rudolf Abel, den russischen Geheimdienstagenten, den größten Spion, den man je in Amerika fing, den Kopf des gesamten verteufelten Apparats! Wissen Sie, wo man ihn geschnappt hat? Hier und nirgends anders! In der Fulton Street, peng! In einem Haus zwischen David Semples Delikatessenladen und Frank Gamuzzas Fernsehreparaturenwerkstatt. Frank war im *Life* abgebildet, grinsend, als hätte er es höchstpersönlich geschafft; desgleichen die Kellnerin aus der Music-Box-Bar, der bevorzugten Wasserstelle des Obersten. Ein paar Vergrämte unter uns konnten nicht begreifen, weshalb *Life* nicht auch unsere Bilder brachte. Frank und das Mädchen aus der Music-Box-Bar waren schließlich nicht die einzigen, die den Oberst gekannt hatten. Ein so gentlemanliker Herr: niemals wäre einem der Gedanke gekommen...

Ich gebe zu, daß wir nicht jeden Tag Spione fangen. Aber fast jeder Tag bietet Stimulanzien: im Hafen ein exotischer Frachter zu untersuchen; ein seltsam gefiederter Vogel schaukelt sich in den Glyzinien; oder eine neueingetroffene Sendung bei Knapp, und das ist vielleicht ein aufregendes Ereignis. Knapp ist eine Ladenkette, oder richtiger eine Folge von Lagerräumen, die höhlenähnlich in der Fulton Street nahe der Pineapple Street zusammengedrängt sind. Der Besitzer – doch dies ist eine allzu bescheidene Bezeichnung für eine so bedeutende Persönlichkeit –, der Zar, der Aga Khan dieses paradiesischen Emporiums ist Mr. George Knapp, von seinen Freunden Vater genannt.

Vater ist ein Weltreisender. Karten treffen ein: er ist in Sevilla, dann in Kopenhagen, dann in Mailand, nächste Woche in Manchester, überall und immer auf einer glanzvoll-verschwenderischen Vergnügungsreise. Er kauft ein: blaues Steingut aus einem dänischen Schloß. Rosafarbene Apothekertöpfe aus einer alten Londoner Pharmacie. Englisches Messinggerät, spanische Lampen, Battersea-Dosen, französische Briefbeschwerer, italienische Zauberkugeln, griechische Ikonen, venezianische Mohren, spanische Heilige, koreanische Schatullen; und Trödel, herrlichen Trödel, einen Ramsch von zerlumpten Puppen, zerbrochenen Knöpfen, ein ausgestopftes Känguruh, ein Vogelhaus mit Eulen unter einer großen Glasglocke, die Spielfiguren abgenutzter Spiele, Papiergeld abgedankter Regierungen, einen elfenbeinernen Schirmstock ohne Schirm, prunkvolle Nachttöpfe und Barttassen und nicht mehr zu reparierende Uhren, zersprungene Geigen, eine sechshundert Pfund schwere Sonnenuhr, Schädel, Schlangenknochen, Elefantenfüße, Schlittenglöckchen und Eskimo-Schnitzereien und montierte Schwertfische, mittelalterliche Melkschemel, rostige Feuerwaffen und abblätternde Spiegel aus der Zeit des Walzers.

Und dann kommt Vater zurück nach Brooklyn, seine Schätze im Schlepptau. Aus den Kisten befreit und dem zuvor bereits gefährlichen Durcheinander eingefügt, paradieren die Mohren im phantastischen Dunkel, die Schwertfische gleiten durch das atlantiktiefe Dämmerlicht des Ladens. Eines Tages werden sie verschwinden: Prominente Antiquitätensammler und unbekannte reine Schönheitsliebende werden kommen und sie wegschleppen. Einstweilen stöbere herum. Eine Rosine wirst du bestimmt entdecken; und vielleicht ist es dann eine Trouvaille. Diesen Briefbeschwerer – den mit der eingeschlossenen Bakkarat-Libelle. Nimm ihn jetzt gleich, wenn du ihn haben möchtest: morgen nämlich, oder bestimmt übermorgen, wirst du ihn zum fünffachen Preis auf der Siebenundfünfzigsten Straße sehen.

Vater hat einen Teilhaber, seine Frau Florence. Sie stammt aus Panama, ist hübsch, von frischer Gesichtsfarbe, und groß und schlank genug, um in den von ihr bevorzugten Hosen gut auszusehen, eine Frau mit stolzer Haltung und Kunden gegenüber von fast exzentrischer Barschheit, einem Entschließen-Sie-sich-odergehn-Sie-Hochmut – aber schließlich unterliegt die Arme der Vorschrift, selbst nicht verkaufen, ja nicht einmal einen Preis nennen zu dürfen. Einzig Vater darf das, er mit dem Gedächtnis eines Macaulay, mit seiner verblüffenden Fähigkeit, inmitten dieses schwindelerregenden Labyrinths auf der Stelle jeden beliebigen Gegenstand zu lokalisieren. In Brooklyn geboren, am Meer aufgewachsen, nie ohne Hut und für gewöhnlich mit einer nassen, kalten Zigarre im Mund, ein kräftiges, gedrungenes, rundes Kraftwerk mit einem Arm, mit steifem Gang, einer Grobianstimme und schüchternen, nervösen sensitiven Augen, die zu blinzeln anfangen, wenn der Ärger ihn stottern macht, ist Vater nichtsdestoweniger ein Ästhet. Ein unnachgiebiger Ästhet, der sich nicht zum Narren halten läßt, über seine Taxierungen nicht disputiert, sondern ganz einfach erklärt: «Stellen Sie's hin!» und «Treiben Sie's in Manhattan zum halben Preis auf, und ich geb's Ihnen umsonst.» Sie passen ausgezeichnet zueinander, die Knapps. Jede Woche erkunde ich ein paarmal ihr Museum, und wenn es auf den Oktober zugeht und der Franklin-Ofen in der Form eines Hexenhauses die Luft erwärmt und Florence Apfelwein kredenzt und feuchtes köstliches Dattelbrot, das sie in ausgedienten Kaffeebüchsen backt, lasse ich keinen Tag aus. Zuweilen schaut Vater an solchem festlichen Nachmittag um sich, blinzelt in vager Ungläubigkeit mit den Lidern, um dann, als schlössen sich seine romantischen Erwerbungen bedrohlich um ihn zusammen, zu bemerken: «Muß wohl verrückt sein. Mein Herz an so einen Saftladen zu hängen. Und die *Investition*. Wenn ich nur an das Geld denke! Ehrlich, nun mal ganz ehrlich gesagt, finden Sie nicht auch, daß ich verrückt bin?»

Gewiß nicht. Wenn dagegen Mrs. Cornelius Oosthuizen diese Frage stellen sollte –

Es scheint unglaubwürdig, daß jemand so Erhabenes wie Mrs. Oosthuizen sich herabgelassen haben sollte, mich ihrer Bekanntschaft zu würdigen. Ich verdanke es einzig einem Pfund Hundefleisch. Folgendes trug sich zu: der Fleischerjunge lieferte eine Bestellung bei mir ab, die irrtümlicherweise auch Hackfleisch enthielt, das für Mrs. O. bestimmt war. Ich entdeckte ihren Namen auf dem Lieferschein, und da mir ihr Haus des öfteren aufgefallen war, ein granatfarbenes Chateau, das die Atmosphäre des alten Schwab-Herrenhauses am Riverside Drive in Manhattan wachruft, kam ich auf die Idee, das Päckchen selbst dort abzugeben. Ich dachte nicht im Traum daran, die vornehme Dame kennenzulernen, war vielmehr höchstens von dem Wunsch beseelt, einen flüchtigen Blick in ihr glückgesegnetes Reich zu tun. Glückgesegnet, weil es, wie man mir anvertraut hatte, einen Butler und einen Stab von sechs Bediensteten aufweisen konnte. Nicht daß es die einzige *maison de luxe* auf den Höhen wäre: wir sind mit mehreren Exponenten des Luxuslebens gesegnet – unzweifelhaft aber ist Mrs. O. *la regina di tutti.*

Als ich mich ihrem Besitztum näherte, bemerkte ich eine Gestalt in Persianerlamm, die sehr verärgert auf die Klingel drückte, den messingnen Türklopfer in heftige Bewegung setzte. «Der Teufel hole dich, Mabel», sagte sie zur Tür; wandte sich sodann um und sah mich zornig an, während ich die Stufen hinaufstieg – eine hochgewachsene, furchteinflößende Replik der zerbrechlichen, liebenswürdigen Marianne Moore (die, wie wir uns erinnern wollen, gleichfalls eine Brooklyn-Lady ist). Blasse wimpernlose Augen, rasiermesserdünne Lippen, das Haar ein silbriges Gestrüpp. «Ah, *Sie.* Ich kenne Sie», beschuldigte sie mich, während hinter ihr eine irische Alte in knöchellanger Schürze die Tür öffnete. «Also ich vermute, Sie kommen, um die Petition zu unterzeichnen? Sehr schön von Ihnen, ganz gewiß.» Eine Erklärung murmelnd und abgenutzte Höflichkeitsfloskeln brummend, ließ ich das Fleischerpäckchen von meinen Händen in ihre wandern; sie faßte es und ließ es vorsichtig baumeln, als hätte ich ihr einen ziemlich übelriechenden Fisch zugeschleudert, bis der dienstbare Geist sagte: «Ma'am, 's ist Marys Fleisch wo der nette Junge da bringt.»

«Tatsächlich. Dann steh nicht hier herum, Mabel. Nimm es.» Und dann, mich mit vermindertem Staunen betrachtend, dem ich, was sie betraf, nicht entsprechen konnte: «Putzen Sie Ihre Schuhe ab, und kommen Sie herein. Wir wollen über die Petition sprechen. Mabel, sage Murphy, er soll Bristol und Gebäck bringen… Oh? Beim Zahnarzt! Wo ich ihn doch ausdrücklich gebeten habe, *nicht* an diesem Zahn herumzupfuschen. Was für ein hanebüchener Unsinn», wetterte sie, während wir auf einen Vorplatz mit Kleiderablage traten. «Warum ist er nicht zum Hypnotiseur gegangen, wie ich ihm anriet? Mary! Mary! Mary!» sagte sie, als jetzt ein freundlicher hübscher Hund mit grausamem Stammbaum erschien: ein Spaniel *plus* Chow auf Dachshundbeinen, «ich glaube, Mabel hat dein Futter. Mabel, nimm Miss Mary mit in die Küche. Und wir nehmen das Gebäck im Roten Salon.»

Der Raum, in dem man Rot einzig in einer Schale mit Porzellanrosen und einem Körbchen Marzipanerdbeeren entdecken konnte, wies samtdrapierte Fenster auf, die einen Blick auf eine Szenerie freigaben, angesichts deren alle Pulse schneller zu schlagen begannen: Himmel, Skyline, weit draußen ein bewaldeter Zipfel von Staten Island. In anderer Hinsicht hatte der Raum nichts Anziehendes zu bieten, eine langweilige und klobige geistlose Mischung, ein dicker Brocken von Biedermeier-Zuckerbäckerei.

«Es war das Schlafzimmer meiner Großmutter; mein Vater zog vor, es als Besuchszimmer einzurichten. Cornelius, mein Mann, ist hier gestorben. Ganz plötzlich: während er am Radio saß und diesem Roosevelt zuhörte. Ein Anfall. Durch Aufregung und Zigarren hervorgerufen. Ich bin sicher, Sie möchten nicht rauchen. Nehmen Sie Platz... Da nicht. Dort, beim Fenster. Also hier, sie *müßte* hier sein, irgendwo, vielleicht in dieser Schublade? Oder sollte sie oben sein? Zum Teufel mit diesem Murphy, schrecklicher Kerl das, mengt ständig in meinen – nein, da hab ich sie: die Petition.» Das Dokument legte, zugleich dagegen opponierend, das Vorhaben einer unbedeutenden religiösen Sekte dar, die einen halben Häuserblock auf den Höhen erworben hatte, um ihn abzureißen und an seiner Stelle ein Wohnheim für ihre Anhänger zu errichten. Darunter standen die Unterschriften eines runden Dutzends Protestierender; die Schwestern Seeley hatten unterzeichnet und Mr. Arthur Veere Vinson, Mrs. K. Mackaye Brownlowe – Nachfahren jener Kinder auf der Wiese, die Überlebenden der Alten Garde aus den schlimmsten Zeiten *ihrer* Nachbarschaft; jene happy few, die regelmäßig zu Mrs. O.s Empfängen mit schwarzer Schleife geladen wurden. Sie verschwendete keinerlei Eloquenz an die bedeutende Verdienstlichkeit dieser Beschwerde; kommandierte lediglich: «Unterschreiben Sie», jeder Zoll eine Lady Catherine de Brough, die einem Mr. Collins Befehle erteilte.

Sherry erschien; und mit ihm eine Versammlung von Katzen. Narbenbedeckte Kämpfer mit aussatzzerfressenem Fell und glasigen Augen. Auf den unansehnlichsten von allen zeigend, einen getigerten Marodeur, erklärte Mrs. O.: «Den da dürfen Sie mitnehmen. Seit einem Monat ist er bei uns, wir haben ihn glänzend herausgepflegt, ich bin sicher, daß Sie ihn liebgewinnen werden. Hunde? *Was* für Hunde haben Sie? Also, ich nehme keine reinrassigen Tiere auf. *Ihnen* wird jedermann eine Zuflucht bieten. Miss Mary habe ich von der Straße aufgelesen. Und auch die schöne Luise, Maus und den süßen William – meine Hunde wie alle meine Katzen kommen von der Straße. Schaun Sie in den Garten hinunter. Die Markierungen unter dem Paradiesbaum: lauter Gräber, was Sie da sehen, manche noch aus meiner Kinderzeit. Die Muscheln sind Goldfische. Die gelbe Koralle – Kanarienvögel. Der weiße Stein dort, ein Kaninchen; das Kieselkreuz: mein Liebling, die erste Mary – ein engelgleiches Mädchen, ging im Fluß baden und erkältete sich auf den Tod. Cornelius, meinen Mann, habe ich immer damit aufgezogen, daß ich ihm sagte, haha, ich sagte ihm, ich hätte vor, ihn da gemeinsam mit meinen übrigen Lieblingen zu begraben. Haha, er fand es gar nicht komisch, kein bißchen. Also, ich meine, daß Sie Hunde halten, hat weiter nichts zu bedeuten: dieser Billy ist so mutig, *er* weiß sich schon zu behaupten. Nein, ich bestehe darauf, daß Sie ihn nehmen. Ich kann ihn nämlich nicht mehr lange behalten, er bringt alles in Aufruhr; und wenn ich ihn laufen lasse, wird er in sein schlimmes altes Leben in der St. George Alley zurückkehren. Ich an Ihrer Stelle möchte *das* nicht auf dem Gewissen haben.»

Ihre Überredungskünste zeitigten keinen Erfolg; demgemäß war unser Abschied kühl. Zu Weihnachten schickte sie mir jedoch eine Karte, einen Cartier-Stich mit dem Paradiesbaum, der die Knochenreste in seine traurige Obhut genommen hatte. Und als wir uns einmal beim Konditor trafen, wo wir beide Schokoladenkuchen kauften, sprachen wir über die schamlose Gleichgültigkeit, mit der man ihrer Petition begegnet war: ach und weh, die Abbrucharbeiter hatten den Häuserblock abgerissen, die Brüdergemeinde baute. Bei ebendieser Gelegenheit teilte sie mir mit, Sie-sollten-sich-schämen, daß der Kater Billy, aus ihrer Obhut entlassen, tatsächlich zum sündhaften Leben der St. George Alley zurückgekehrt war.

Die St. George Alley, die an ein kleines Kino angrenzt, ist ein schattiger Zufluchtsort für Streuner: heruntergekommene Alkoholiker, die von Chinatown und der Bowery über die Brücke kamen, teilen sie mit anderen verlassenen, verwilderten Geschöpfen: Katzen, so zahlreich wie Elritzen in einem Fluß, die ihre größten Versammlungen bei hereinbrechender Nacht abhalten; dann nämlich, wenn es dunkelt, schleichen Frauen mit seltsamem Blick, nicht unähnlich jenen schwarzgewandeten Fanatikerinnen, die durch Katzenbereiche Roms geistern, mit zärtlichen Zischlauten und Tüten voll gemahlenem Lachs durch die kleine Gasse. (Womit nicht der Eindruck erweckt werden soll, Mrs. O. gehöre zu jenen, die dieser irgendwie ungesunden Liebhaberei frönen: Was Tiere anlangt, entspringen ihre Handlungen, mögen sie auch ein wenig exaltiert sein, einer guten Absicht und sind nicht uncharakteristisch für die Höhen, wo ein hoher Prozentsatz der Schoßtierbevölkerung von der Straße aufgelesen wurde. Tatsächlich ist es verblüffend, wie viele verlaufene Streuner bei ihren Streifzügen in diese Gegend gelangen, so als sagte ihnen der Instinkt, daß sie hier jemanden finden werden, der es nicht zu ertragen vermag, daß im Regen jemand hinter ihm herläuft, der sie vielmehr mit heimnehmen, Milch kochen und Dr. Wassermann anrufen wird, Bernie, unsern jungen Tierarzt, smart wie nur einer, in dessen makelloser Klinik die Musik Bachscher Concertos erklingt und das Gebell von Hunden, die zusammengeflickt werden.)

Gerade habe ich in Verbindung mit diesen Aufzeichnungen ein hieroglyphisches Durcheinander durchstöbert, das ich mein Tagebuch nenne. Seltsame, wirklich die seltsamsten, flüchtig hingeworfenen Notizen – deren Mehrzahl mir unergründlich bleibt. Der Himmel mag wissen, worauf «Donner in der Cobra Street» Bezug nimmt. Oder «Eine Diarrhö von Gemeinplätzen in siebzehn Sprachen». Falls es nicht eine höchst langweilige Lokalfigur beschreiben soll, einen Linguisten, der von erschreckender Redseligkeit in vielen Zungen ist, in keiner einzigen jedoch etwas zu sagen hat. Dagegen ergibt «Mit T & G bei G & T» ohne weiteres einen Sinn. Die ersten Initialen stehn für zwei Freunde, die letzten für ein nahgelegenes Restaurant. Sicher kennen Sie es vom Hörensagen, Gage & Tollner. Wie Kolb & Antonie in New Orleans ist Gage & Tollner ein aus dem vorigen Jahrhundert stammendes Unternehmen, das in hohem Grade seinen ursprünglichen Charakter bewahrt hat. Der zitternde Lichtertanz seiner Gaslampen ist keine museale Fälschung; ebensowenig erscheinen die Tische mit den einfach-soliden Marmorplatten, das verschwenderische Aufgebot goldgerahmter Spiegel als sentimentale Heuchelei – dies alles bezeugt vielmehr die Aufrichtigkeit der Besitzer, die unsern Dank verdienen, weil sie das Lokal im wesentlichen so haben bestehen lassen, wie es an jenem Eröffnungstag im Jahr 1874 aussah. Man würde es nicht vermuten, denn hier gibt es in der Atmosphäre nichts von Meeres-Firlefanzerei, wie sie für gewöhnlich solchen Aquarien eignet, und doch sind Meerestiere hier Spezialität. Erstklassig. Chowders, die auch beim aufrechtesten Neuengländer Anklang finden müssen. Hummer, die Nero entzücken würden. Ich selbst bin ein *aficionado* der weichschaligen Krabben: ein Teller sautierter Krabben, eine halbierte Zitrone, ein Glas eisgekühlten Chablis: der höchste Genuß. Auch die Kellner, würdevolle, doch stets zu einem Lächeln bereite Neger, die stolz auf ihre Arbeit sind, tragen zur Qualität von Gage & Tollner bei; auf den Ärmeln ihrer blütenweißen Jacketts prangen Winkel im Militärstil, je nach der Zahl ihrer Dienstjahre verliehen; und *wäre* dies die Armee, so wären einige von ihnen Generale.

Nicht weit davon ist ein anderes Restaurant, eine Spur weniger vornehm, doch von ähnlicher Qualität und mit praktisch demselben Menü: Joe's – und Joe ist, das sei am Rande erwähnt, eine attraktive junge Dame. An den äußersten Ausläufern der Höhen, unmittelbar ehe Brooklyn wieder Brooklyn wird, ist eine Zigeunerstraße mit Zigeunercafés (man kann sich wahrsagen und tätowieren lassen, während man kannenweise maurischen Tee trinkt); es gibt auch ein arabisch-armenisches Viertel, gesprenkelt mit gewürzgeschwängerten Restaurants, wo man frisch vom Herd eine knusprige Art Pfannkuchen kaufen kann, der mit Sesamsamen glasiert ist – zuweilen trage ich meinen hinunter zum Wasser, in der Absicht, ihn mit den Möwen zu teilen; doch ich beiße im Gehen immer wieder davon ab, und es bleibt nie ein Krümchen übrig.

Ein abendlicher Bummel über die Brücke im Sommer, wenn ein kühlender Wind durch die stählernen Verstrebungen harft, über dir die

Sterne ziehen und drunten die Schiffe, kann berauschend sein, insbesondere wenn man in Richtung auf Chinatown geht mit seinen Düften nach brutzelndem Schweinefleisch und süß-sauren Gerichten.

Eine andere Tagebucheintragung lautet: «Endlich ein Gesicht im Geisterhotel!» Was bedeutet, daß ich nach monatelangem Beobachten zu jeder möglichen Tageszeit und bei jedem Wetter jemand an einem der Fenster in einem scheinbar von Geistern bewohnten Gebäude am Fluß entdeckt hatte. Ein einsames Hotel in der Water Street am Fuße der Höhen, das ich häufig zum Ziel meiner Spaziergänge mache: weil ich es romantisch finde, mir in Augenblicken der Verärgerung ausmale, mich dorthin zurückzuziehen, ist es doch so abgeschieden wie der Berg Athos, entrückter als der Krak Chevalier in den verlassensten Bergdistrikten Syriens. Tagsüber herrscht nur wenig Verkehr an diesem Ort, einer Piazza, die von Chirico sein könnte und in einer Sackgasse gegenüber dem Fluß endet, nachts überhaupt keiner: kein Laut außer Nebelhörnern und einem fernen Wispern des Verkehrs von der Brücke, die da oben wuchtet. Friede und das zitternde Leuchten vorübergleitender Schlepper und Fähren.

Das Hotel ist dreistöckig. Über die Fenster

huschen von der Sonne getroffene Bruchstück-
chen reflektierten Flußgleißens und gebro-
chene, zickzackförmige Abbilder der Brücke;
hinter den Scheiben aber rührt sich nichts: die
Zimmer scheinen unbewohnt, trotz allen ge-
genteiligen Beweisen wie Milchflaschen auf
Fensterbrettern, einem Hut am Haken, unge-
machten Betten und brennenden Glühbirnen:
nie zeigt sich eine Menschenseele. Wie die Matrosen der *Marie Celeste* müssen die Gäste auf
ein Klopfen hin ihre Türen einem Fremden
geöffnet haben, der sie mit Haut und Haar verschluckte. Könnte es ebenjener Fremde gewesen sein, den ich sah; vielleicht *war* er es? –
«Endlich ein Gesicht im Geisterhotel!» Ich
erspähte ihn nur dies eine Mal, an einem April-
nachmittag, einem wolkenlos blauen Tag; und
er, ein kahl werdender Mann im Unterhemd,
ließ ein Fenster hochschnellen, beugte be-
haarte Arme, gähnte gewaltig, atmete tief die
Brise vom Fluß her ein – war verschwunden.
Nein, wenn ich es genau bedenke, so werde ich
keinen Fuß je in dies Hotel setzen. Denn entweder müßte ich dann verschlungen werden
oder erleben, wie sich mein Geheimnis in
Nichts auflösen würde. Als Kinder sind wir
empfänglich für alles Geheimnisvolle: ver-
sperrte Kästen, Geflüster hinter geschloßnen
Türen, das Was-ist-das, das dort drüben in den

Bäumen lauert, in jedem Dunkel zwischen den Straßenlaternen wartet; doch wenn wir älter werden, wird alles nur zu leicht erklärbar, unsere Fähigkeit, angenehmes Gruseln zu beschwören, nimmt ab: zu schade, ein Jammer – unser Leben lang sollten wir an Geisterhotels glauben.

Dicht beim Hotel beginnt eine Straße, die am Fluß entlangführt. Stumme Meilen von Lagerhäusern, die Fenster mit hölzernen Läden verrammelt, von Docks, die auf dem Wasser schweben wie Seespinnen. Von Mai bis September, la *saison pour la plage*, dienen diese Docks stämmigen Gassenjungen als Sprungbretter – während parfümierte Affen, Potentaten der Uferzone und gleichwohl selbst ehemalige Dock-Taucher, am Steuer zweifarbiger Traumwagen (Banane-Tomate) vorüberrollen. Von Kränen emporgetragen, schweben Traktoren und Baumwollballen, schwebt unglückliches Vieh über den Ladeluken der Schiffe, die nach Bahia fahren, nach Bremen, nach Häfen, deren Namen in orientalischer Kalligrafie erscheinen. Vorausgesetzt, daß man Freunde hat, die am Wasser wohnen, bietet sich manchmal Gelegenheit, an Bord der Frachter zu klettern, einen zu trinken und sich zu sonnen: vielleicht wird man sogar zum Mittagessen eingeladen – und ich für mein Teil pflege solche Einladungen ohne Sträuben anzunehmen und mit beinahe peinlicher Schnelligkeit, wenn die Gastgeber Skandinavier sind: sie bieten immer eine erlesene Tafel, bestückt aus randvollen Speisekammern mit geräucherten «Appetithappen» und eisgekühltem Aquavit. Die griechischen Schiffe hingegen sollte man meiden: sehr mäßige Küche und keinerlei Alkohol außer Ouzo, einem widerwärtig süßen Sirup; und die Atzung auf französischen Frachtdampfern entspricht, zumindest nach der Ansicht dieses Fechtbruders, in keiner Weise den Maßstäben, die man billigerweise voraussetzen dürfte.

Die Leute auf den Schleppern sind in den meisten Fällen gut für einen Kaffee, und was für ein Genuß bei winterlichem Wetter, wenn der Fluß brandend schäumt, Zuflucht in einer ofenbeheizten Kajüte zu suchen und über einem Becher nachtschwarzen Javas aufzutauen. Zuweilen tauchen längs der Fahrtroute winzige Strände auf, und einmal, es war gegen Sonnenuntergang an einem friedlichen Sonntag, erblickte ich auf einem von ihnen etwas, das mich veranlaßte, ein zweites Mal hinzuschauen, und noch zwei Male: und noch immer schien es eine Vision zu sein. Matrosen aller Art sind hier ein wohlvertrauter Anblick, selbst Inder im Sarong, selbst die riesigen Senegalesen, deren Onyxarme leuchten von blauen, von gelben, feurig eintätowierten Blumen, feschen Gestalten und grellen *sgraffitti* (Je t'aime, Pech gehabt, Mimi Chang, Adios amigo). Auch ungehobelte Russen – man sieht sie in ihrem schlafanzugähnlichen Aufzug umherflattern. Die bloßfüßigen Matrosen auf diesem Strand jedoch, die drei, die ich dort ausgestreckt sah, ihre Profile gegen den Sonnenuntergang abgehoben, schienen so mythisch wie Meermänner: genauer gesagt, wie Meermädchen – denn sie trugen ihr von Albinosträhnen durchzogenes Haar so lang wie Mädchen, ein wildes, bis auf die Schultern niederfallendes Geflecht; und in ihren Ohren glitzerten goldne Ringe. Ob Abgesandte aus dem perlengepflasterten Palast Poseidons oder einfache Seeleute, wikingisch gelockte Seefahrer aus dem mittelalterlichen gotischen barbarischen Norden, ermattet von langer und barbierloser Fahrt, sie sind unvergeßlich in das Kuriositätenkabinett meiner Erinnerung eingegangen; ein Gegenstand, den man immer wieder im Licht hin und her wendet wie jene kristallenen Rhomben, deren Inneres geheime Muster birgt.

Nach einigem Überlegen wird auch «Donner in der Cobra Street» verständlich. Es gibt auf den Höhen keine Cobra Street, wenngleich eine Straße existiert, die den Namen verdiente, ein steilabfallender Berg, der zu einem dunklen Sektor der Hafenanlagen führt. Er gehört nicht eigentlich zum Bezirk der Höhen, liegt da wie die Schlange vorm Tor an ihrer äußersten Peripherie. Verwahrloste Kneipen, von Biergeruch schale Bars und klebrige Süßwarenläden mischen sich mit den verwitternden Häusern, den Behausungen zahlreicher Familien, die architektonisch vom altersschwarzen Braunsandsteinhaus bis zu vergrößerten Ausführungen von Mississippi-Abtritten reichen.

Hier wimmelt die Gosse von Cobras; will sagen einer Bande «jugendlicher» Verbrecher: COBRA, das Wort ist ihren Unterhemden aufgedruckt und mit Farbe quer über den Rücken ihrer Lederjacken gemalt, manchmal in Buchstaben, die furchterregend phosphoreszent schimmern. Die steile Straße ist innerhalb ihres häßlichen Reiches ein Stückchen ihres «Turfs», wie sie es nennen; ein unendliches Stückchen, denn die Cobras, ein mächtiger Geheimbund, beherrschen ganze Morgen städtischen Geländes. Ich bin kein Held – *au contraire*; ganz offen gestanden verursachen mir diese Burschen, mögen sie nun zwölf Jahre alt sein oder zwanzig, Herzklopfen, wie es der Sünder beim sonntäglichen Gottesdienst empfindet. Nichtsdestoweniger habe ich, wenn es die Bequemlichkeit erforderte, einen Abschnitt ihres Bereichs zu durchqueren, meine Nerven dazu gezwungen, der Herausforderung standzuhalten.

Bei meinem letzten Abenteuer, und vielleicht wird es das letzte bleiben, trug ich eine gute Kamera bei mir. Ein sonnenloser Himmel, der entweder Donner oder Regen androhte. Lärmende Kinder vergnügten sich mit Seilspringen, während unter den Laternen tatenlos eine Menge Älterer herumstand und ihnen zusah, gelangweilten Gesichts und lustlos: eine baumwollbehoste, cowboygestiefelte Versammlung von Cobras. Ihre Augen, ihre schläfrigen überdrüssigen dreisten Augen schwenkten auf mich ein, der ich die Straße hinaufstieg. Ich ging auf die andere Straßenseite hinüber und *wußte* alsbald, ohne mich durch einen Blick vergewissern zu müssen, daß die Cobras sich entrollt hatten und auf mich zuglitten. Ich hörte sie pfeifen; und die Kinder verstummten, die Springseile schwirrten nicht mehr. Einer – die untere Hälfte seines Gesichts räuberhaft maskiert durch ein mit Pickeln bedecktes feuerrotes Muttermal – sagte: «He du, Weißerchen, laßmirmadeinkamrasehn.» Die Schritte beschleunigen? Tun, als habe man nichts gehört? Doch jede Möglichkeit schien explosiv. «He, Weißerchen, he, du da, willstemirnichmaknipsen?»

Donner rettete die Situation. Ein rollender Donner, der in die Straße einbrach wie ein Lastwagen, dessen Fahrer die Gewalt über sein Fahrzeug verloren hat. Wir alle sahen auf, ein sturmdrohender Himmel starrte uns entgegen. «Regen! Regen!» schrie ich und rannte davon. Rannte auf die Höhen zu, diese sichere Festung, die bürgerliche Bastion. Raste die Esplanade entlang, wo die hübschen jungen Mütter mit ihren Kinderwagen ein Wettrennen gegen die hereinbrechende Katastrophe liefen. Holte Luft unter dem peitschenden Laub sturmdurchwühlter Ulmen, eilte weiter: sah den Blumenwagenmann mit seinem vor dem Donner scheuenden Pferd kämpfen. Sah, zwanzig Meter vor mir, dann zehn, fünf, dann null, das gelbe Haus in der Willow Street. Daheim! Und heilfroh darüber.

Deutsch von Marguerite Schlüter

New Orleans

Da war im Hof ein Engel aus schwarzem Stein, und sein Engelskopf stand über den riesigen Elefantenohrblättern, die gläsernen Engelsaugen, licht wie das verwaschene Blau von Seemannsaugen, starrten nach oben. Man gewahrte den Engel von einem grünumwucherten Balkon – dem meinen, denn ich wohnte dahinter in drei altmodischen weißverputzten Zimmern, Zimmern mit kunstvoll gearbeiteten Tortengußdecken, breiten Schiebetüren und hohen Flügelfenstern. An warmen Abenden, bei geöffneten Fenstern, war hier ein angenehmes Plaudern, voll Melodie, weil der Wind leicht durch den Raum rauschte wie die Fächelbrise alter Damen. Und an solch warmen Abenden ist es ruhig in der Stadt. Nur Stimmen: wie ein Weberschiffchen hin und her schießende Familiengespräche auf einer efeuverhangenen Veranda; eine bloßfüßige Frau, die, vor sich hin summend, ihren Stuhl auf dem Bürgersteig schaukelt und damit ihr Baby, das sie ungeniert stillt, in den Schlaf wiegt; fremdzüngige Klagereien einer erzürnten Hausfrau, die, auf ihrem Balkon sitzend, ein Hühnchen rupft, dessen lose Federn ihren Händen entgleiten, durch die Luft treiben, träge niederschweben.

Eines Morgens – ich glaube, es war im Dezember, an einem kalten Sonntag mit trüber grauer Sonne – ging ich durch das Viertel zum Alten Markt hinauf, wo es um diese Jahreszeit ausgezeichnetes Winterobst gibt, süße Satsumas, das Dutzend zu zwanzig Cents, und Winterblumen: Weihnachtssterne und schneeige Kamelien. New Orleans' Straßen dehnen sich weit und öde; in verkehrsarmen Stunden ist ihre Atmosphäre wie bei Chirico, und gemeinhin harmlose Dinge (ein Gesicht hinter dem streifigen Licht der Fensterläden, in der Ferne dahinschreitende Nonnen, ein dicker schwarzer Arm, der schief aus irgendeinem Fenster baumelt, einsam in einer Seitengasse hockend ein Negerjunge, der Seifenblasen macht und melancholisch zuschaut, wie sie auffliegen und zerplatzen) erhalten verzerrte Aspekte. An jenem Morgen nun stockte ich mitten in einem Straßenblock, weil ich mit dem Augenwinkel einen Durchgang aufgefangen hatte, einen überwachsenen Hof. Starr stand dort ein irr aussehender weißer Hund im farrengrünen Licht, das am Ende des Durchgangs schimmerte, und wie unter einem Zwang ging ich auf ihn zu. Drinnen war ein

Springbrunnen; in zartem Strahl spie Wasser aus dem Maul eines Bronze-Affen und tröpfelte einsam klingend auf den Kieselgrund des Beckens. Er hing an einer Weide, ein Ganovengesicht mit platinblondem gelocktem Haar; er hing so lasch wie die Zweige der Weide. Grauen lag über diesem in Schweigen erstickten Garten. Mit blinden Augen schauten geschlossene Fenster darauf nieder; Schneckenspuren glitzerten silber auf den Elefantenohren; nichts rührte sich außer seinem Schatten. Er schwang ganz wenig, vor und zurück, gleichwohl ging kein Wind. Der Simili im Ring, den er trug, blinkte in der Sonne, und auf seinem Arm war ein Name tätowiert: *Francy*. Der Hund senkte den Kopf, um aus dem Brunnen zu trinken, und ich lief davon. Francy – hatte er sich um ihretwillen umgebracht? Ich weiß es nicht. N. O. ist eine verschwiegene Stadt.

Meines Steinengels Glasaugen waren wie eine Sonnenuhr, weil sie durch den Grad der Helligkeit die Zeit anzeigten: weiß am Mittag, wurden sie allmählich matter, trübe im Dämmerlicht, dunkel – Zwielichtaugen in einem Zwielichtkopf.

Zerrissene Lippen goldhaariger Mädchen grinsen trübselig von verwitterten schiefen Häuserfronten: Trinkt Dr. Nutt, Dr. Pepper,

NEHI, Grappada, 7 Up, Coca-Cola. Wie jeder Ort im Süden ist N. O. eine Stadt der Reklame für alkoholfreie Getränke; die Straßen in den einsamen Vierteln sind mit Coca-Cola-Kapseln gepflastert, und nach einem Regen glitzern sie wie verlorene Groschen im Kehricht. Plakate blättern ab, liegen zerfetzt, bis sie der Sturmwind die Straße entlangtreibt gleich Steppengras – und es gibt solche, die sie schön finden; es gibt solche, die ihre Wände tapezieren mit Dr. Nutt und Dr. Pepper, mit Coca-Cola-Schönen, die, über Mietskasernenbetten lächelnd, Schutzengel bei Nacht und Heilige am Morgen sind.

Schilder überall, mit Kreide geschrieben, gedruckt, gepinselt: «Madame Ortega – Handlesen, Liebesträine, Zauberbücher, Bitte einzutreten; Wer nur herumlungert – lungere nicht hier; Bist du bereit, vor Gott zu treten? Achtung! Bissiger Hund! – Habt Mitleid mit den armen Waisen; Ich bin eine taubstumme Witwe mit zwei hungernden Kindern; Vorsicht; Blue-Wing-Chor singt heute abend in unserer Kirche (gezeichnet) Der Pfarrer.»

Im Irish-Channel-Viertel sah ich einmal eine Aufforderung an einer Tür: «Komm und sieh, wo Jesus stand.»

«Na und?» sagte eine Frau, die auf mein Klingeln die Tür öffnete. «Ich möchte sehen,

72

wo Jesus stand», erklärte ich, und einen Augenblick war sie verblüfft; ihr Gesicht, von rasiermesserscharfen Linien gezeichnet, war teigig weiß wie Eibischpaste; sie hatte weder Wimpern noch Brauen und trug einen Kimono aus Baumwollkattun. «Du zu klein, Süßer», sagte sie, wobei ein stoßweises Lachen ihre Brüste hüpfen ließ, «du viel zu klein, zu sehen, wo Jesus stand.»

Da war ein Café in meiner Nähe, unglaublich langweilig, denn es war wohl das am wenigsten besuchte Café in ganz N. O., das reine Begräbnisinstitut. Der Besitzerin, Mrs. Morris Otto Kunze, schien das indes nichts auszumachen; sie saß den ganzen lieben Tag lang hinter ihrer Theke, wedelte sich Kühlung mit einem Palmblattfächer und bewegte sich eigentlich nur, um Fliegen totzuschlagen. Und quer über dem gesprungenen alten Spiegel hinter der Theke hatte sie sieben Zettel kleben, auf denen überall dasselbe stand: «Wozu sich Sorgen im Leben machen… keiner von uns überlebt's.»

3. Juli. Vorige Woche eine «Bin-zu-Hause»-Karte von Miss Y. erhalten, machte daher heute nachmittag Besuch. Sie ist köstlich in ihrer altmodischen Art, zudem amüsant, wenngleich unabsichtlich. Beim ersten Sehen dachte ich: Edna May Oliver, und eine Ähnlichkeit besteht da sicherlich. Wenn Miss Y. spricht,

klingt das wohlbedacht, dabei redet sie blind drauflos, und ihre sherrybraunen Augen mustern ständig ihre Umgebung. Ihre Haltung ist militärisch, und sie trägt einen Spazierstock aus Malakkaholz, da eines ihrer Beine kürzer als das andere ist, ein Umstand, der ihren Gang zu einem pinguinähnlichen Watscheln macht. «Als ich in Ihrem Alter war, hat es mich unglücklich gemacht; ja, das kann ich wohl behaupten, denn Papa mußte mich zu allen Bällen begleiten, und da saßen wir dann auf solch goldenen Stühlchen, und da saßen wir dann. Keiner der jungen Herren forderte Miss Y. jemals zum Tanzen auf, mitnichten, wenngleich ein junger Mann aus Baltimore, ein Mr. Jones, in dem einen Winter herkam und du lieber Gott! – der arme Mr. Jones – ist nämlich von der Leiter gefallen – brach sich's Genick – war gleich tot.»

Mein Interesse an Miss Y. ist mehr klinisch, und ich bin – wie ich verlegen gestehe – nicht ganz der Freund, den sie in mir sieht, weil man Miss Y. nicht eigentlich nahekommen kann: allzusehr ist sie wie eine erdachte Geschichte, real – und unwahrscheinlich. Sie ist wie das Piano in ihrem Salon – elegant, aber ein wenig verstimmt. Ihr Haus, selbst für N. O. alt, wird durch ein schwarzes, verfallenes Eisengitter eingehegt; es ist eine schäbige Gegend, in der sie lebt, mit Zimmervermietschildern, Tankstellen und Musikautomatencafés gesprenkelt. Und doch gab es in jenen Tagen, da ihre Familie hergezogen war – was freilich lange her ist –, in ganz N. O. nichts Prächtigeres. Das Haus, von schiefgewachsenen Bäumen fast erdrückt, ist von außen altersgrau, aber im Innern ist die schmückende Kraft von Miss Y.s Ahnenerbe überall erkennbar: das Tappen ihres Stockes beim Niedersteigen über die Vogelschwingentreppen läßt Kristall erzittern; ihr Gesicht – Herz aus zerknitterter Seide – ist ein dunstiger Reflex in deckenhohen Spiegeln; sinken läßt sie sich (beachte, während dies geschieht, wie sorgsam sie auf die Bequemlichkeit ihrer Knochen Rücksicht nimmt) in ihres Vaters Vaters Vaters Stuhl, ein bösartig strenges Behältnis mit Löwenkopf-Armstützen. Sie ist schön hier im kühlen Dunkel ihres Hauses, und wohlbehütet. Dies sind die Mauern, der Zaun, die Möbel ihrer Kindheit. «Manche Menschen werden zum Altsein geboren; so war ich zum Beispiel gräßlich als Kind, ohne die geringsten Vorzüge. Aber alt bin ich gern. Ich habe irgendwie mehr das Gefühl –», sie stockte, deutete mit leichter Geste auf den dämmrigen Salon, «hierherzupassen.»

Miss Y. glaubt an keine Welt jenseits von N. O.; zuweilen manifestiert sich ihre geistige

Enge in ziemlich niederschmetternden Bemerkungen, wie etwa heute. Ich hatte einen kürzlichen Aufenthalt in New York erwähnt, worauf sie mit hochgezogenen Brauen sanft erwiderte: «Oh! Und wie sieht es denn da aus in der Provinz?»

1. Warum, frage ich mich, hören sich alle N.-O.-Taxi-Chauffeure an, als ob sie aus Brooklyn importiert seien?

2. Es wird so viel über das hiesige Essen geredet, und wahrscheinlich stimmt es auch, daß Restaurants wie die von Arnaud und Kolb die besten in Amerika sind. Es liegt eine so anziehend träge Atmosphäre über diesen Restaurants: die langsam rotierenden Ventilatoren, die riesigen Tische und das Fehlen des Gedrängels, die Stille, die lässigen, aber ausgezeichneten Kellner, die alle aussehen, als ob sie Söhne des Hauses wären. Einer meiner Freunde wies einmal im Gespräch über N. O. und New York darauf hin, daß entsprechende Menüs – abgesehen davon, daß sie erheblich teurer wären – im Osten auf die Manier irgendeines Küchenchefs kunstvoll mit allerlei Tamtam und unrichtigen Zutaten serviert werden würden. Wie die meisten guten Dinge danke, seiner Meinung nach, die Küche von New Orleans ihre Qualität ihrer natürlichen Einfachheit.

3. Ich bin der abgestandenen Phrase vom «altertümlichen Reiz» mehr oder weniger überdrüssig. Zwar findet man den hier sehr wohl in der Architektur und in den Antiquitätenläden (wo er hingehört) oder im Gemisch des Dialektes, den man um den Französischen Markt herum hört. Aber sonst ist N. O. nicht reizvoller als irgendeine andere Stadt im Süden – im Grunde sogar weniger, weil es die größte ist. Der wichtigste Teil dieser Stadt besteht aus ihrem geistigen Schwemmland, Straßen und Bezirken jenseits der Touristenwege.

(Aus einem Brief an R. R.) In der Wohnung unter mir sind neue Leute, die dritten Mieter im vergangenen Jahr; ein Durchgangsort, dies Viertel, Guten Tag und Guten Weg. Als ich zuerst herkam, lebte hier ein richtiger echter Schurke. Er war gewissenlos, dreckig und unredlich – ein lasterhafter Satyr, sozusagen. Mr. Buddy, die Ein-Mann-Kapelle. Mehr als wahrscheinlich, daß Du ihn schon gesehen hast – nicht hier natürlich, sondern in irgendeiner anderen Stadt, denn er ist ständig auf der Walze, er und sein altes Banjo, Trommel und Harmonika. Ich traf ihn öfter unversehens, an verschiedenen Straßenecken drauflosdonnernd, inmitten einer Schar lungernder Zuhörer. Im Bewußtsein, daß er mein Nachbar war,

versetzten mir solche Begegnungen jedesmal
einen heftigen Schock. Doch um die Wahrheit
zu sagen, war er gar kein schlechter Musiker –
ein wirklich ausgezeichneter sogar, wenn er
am Spätnachmittag und zu seinem eigenen
Vergnügen zur Gitarre sang, schaurige Balla-
den mit einer gramgetränkten Whiskystimme
sang: wie schrecklich es Verliebten geht.

«He du, Junge! Du da oben…» Ich war dieser Du, denn er hat nie meinen Namen gekannt
und zeigte sich nie sonderlich interessiert, ihn
herauszufinden. «Mach, daß du runter-
kommst und hilf mir ein paar kippen.»

Sein Balkon, kleiner als der meine, war von
süßduftender Glyzinie abgeschirmt; da es
kaum nennenswerte Möbel gab, saßen wir gewöhnlich auf dem Fußboden im grünen Schatten, kippten eine Sorte Gin, Einreibespiritus
nah verwandt, und dabei zupfte er dann seine
Gitarre, deren unaufhörliches Gewinsel das
tiefe Grollen seiner Stimme noch unterstrich.
«Bin überall gewesen, mal da, mal dort, dauernd herum; bin fünfundsechzig un keine
Frau, die mich mal hatte, kann noch mit'm andern Mann was anfangen; so is das – habe selber auch 'ne Masse Frauen un 'ne Masse Kinder gehabt, was aus den'n geworden is, weiß
der Himmel – kümmert mich auch 'n Dreck,
bei keiner – wär höchstens die Rhonda Kay.

Mensch, das war'n Weib, süß wie Sumpfhonig, un war die scharf auf mich! Hitzig in einer Tour un noch dazu verheirat't mit'm Baptistenpfarrer, und vier Kinder hatte se – fünfe, mit meinem. Hab mir schon manchesmal überlegt, was es wohl war – Junge oder Mädchen. Junge, denke ich. Von mir kriegen se immer Jungen… Nu is das ja alles lange her un das war damals in Memphis, Tennessee. Jaja, bin überall gewesen, im Zuchthaus – un in so großen feinen Häusern wie dem Rockefeller seins – mal hier, mal da, dauernd herum.»

Und in dieser Weise konnte er es weitertreiben, bis der Mond aufging, seine Stimme quarrig wurde und die Worte psalmodierend ineinanderflossen.

Sein fleckiges und verrunzeltes Gesicht trug eine Art trügerische Freundlichkeit zur Schau, ein unschuldiges Zwinkern, aber seine Augen waren orientalisch schief, und seine Fingernägel hielt er lang, messerspitz und glänzend poliert wie ein Chinese. «Gut zum Kratzen und auch praktisch bei 'ner Keilerei.»

Immer trug er eine Art Kostüm: schwarze Hosen, feuerwehrrote Socken, Tennisschuhe, bequemlichkeitshalber an den Zehen aufgeschlitzt, einen Einreiher, eine graue Samtweste, die, wie er sagte, seinem Ahnherrn Benjamin Franklin gehört habe, und eine Baskenmütze, besteckt mit «Wählt Roosevelt!»-Knöpfen. Und es läßt sich nicht verheimlichen – er *hatte* eine ganze Menge Freundinnen – jede Woche eine andere, versteht sich, aber es ist kaum vorgekommen, daß ihm nicht irgendeine die Mahlzeiten kochte; und wenn ich bei solchen Gelegenheiten dazukam, pflegte er unweigerlich und auf die artigste Weise vorzustellen: «Bitte sehr: Mrs. Buddy!»

Einmal wachte ich spät in der Nacht mit dem Gefühl auf, nicht allein zu sein; ganz zweifellos war jemand in meinem Zimmer, und ich konnte ihn mondbeschienen im Spiegel erkennen. Er war es, Mr. Buddy, der heimlich Schreibtischladen öffnete, zuschob, und plötzlich spritzte meine Schachtel mit den Pennies auf den Fußboden, rollten sie klirrend nach allen Seiten. Da hatte es keinen Sinn, sich zu verstellen, also knipste ich die Lampe an, und Mr. Buddy schaute mich geradheraus an, kaum verwirrt, und grinste. «Paß auf du», sagte er und war so nüchtern, wie ich ihn nie erlebt hatte. «Paß auf, ich muß hier schleunigst verschwinden.»

Ich wußte nicht, was ich sagen sollte, und er schaute, leicht rot werdend, vor sich auf den Fußboden. «Sei schon'n guter Kerl, los, hast du irgendwelches Geld?»

Ich konnte nur auf die verstreuten Pennies

deuten; ohne jedes weitere Wort kniete er sich hin, sammelte sie ein und ging, in sehr aufrechter Haltung, zur Türe hinaus.

Am nächsten Morgen war er fort. Drei Frauen sind hergekommen, um nach ihm zu fragen, aber ich weiß nicht, wo er steckt. Vielleicht ist er in Mobile. Wenn Du ihn irgendwo dort herum siehst, R., willst Du mir dann eben bitte eine Karte schreiben?

I want a big Jat mama, yes yes! Shotguns Finger, lang wie Bananen und dick wie saure Gurken, hämmern auf den Tasten herum, und seine Füße, den Boden stampfend, erschüttern das Café. Shotgun! Größte Schau der Stadt! Kann nicht für'n Penny singen, aber Mann, was der auf dem Klavier losrasseln kann – hört euch das an: *She's cool in the summer and warm in the fall, she's a four-season mama and that ain't all…* Da legt er los, sein dickes Maul aufgerissen wie ein Krokodil, seine freche rote Zunge schmeckt die Melodie, liebt sie, vereinigt sich mit ihr im Liebesspiel; aah, Shotgun, aah-aah-aah. Seht, wie er lacht, dies schwarze, aus allen Fugen geratene Gesicht, von Schüssen zernarbt, glitzernd von Schweiß über und über. Gibt es irgendein menschliches Laster, von dem er nicht wüßte? Eine Schande dabei… kaum jemals sieht irgendein Weißer

Shotgun, denn dies ist ein Negercafé. Vorjährige verstaubte Weihnachtsdekorationen verschönen die salpetrig abblätternden Wände; orange-grün-rote Streifen Kreppapier, die von nackten Birnen herunterhängen, flattern im Luftzug eines müden Ventilators; der Inhaber, ein gutaussehender Mischling mit verhängten Lidern über milchigblauen Augen, brüllt über die Theke gelehnt: «Heda, was denkt ihr, was das hier is? 'n Wohltätigkeitsinstertut? Raus mit'm Zweier, Nigger, aber'n bißchen plötzlich.»

Und heute ist Samstag. Der Raum schwimmt in Zigarettenrauch und Samstagnachtparfüm. All die schmierigen Holztischchen haben eine doppelte Reihe Stühle um sich, und jeder kennt jeden, und einen Moment ist die Welt dieser Raum, dieser dunkle verjazzte, gräßliche Raum; ist Shotguns stampfender Fuß unser Herzschlag, alles Erfreuliche unseres Lebens glüht im Glanz seiner listigen Augen. *I want a big fat mama, yes yes!* Vornüber schaukelt er auf seinem Stuhl, und da er den Kopf hebt, um uns anzuschauen, schwingt sich ein aufjauchzendes Gebrüll in die Nacht: *I want a big fat mama with the meat shakin on her, yes!*

Deutsch von Hansi Bochow-Blüthgen

New York

*E*in Mythos ist sie, die große Stadt, die Räume
und Fenster, die dunstspeienden Straßen, für
jeden, alle, ein anderer Mythos, der Kopf eines
Götzen mit Verkehrsampelaugen, in freund-
lichem Grün oder spöttischem Rot blinzelnd.
Diese Insel, wie ein demantener Eisberg auf
den Wassern des Flusses schwimmend, heißt
sie New York, nennt sie wie immer ihr wollt;
auf den Namen kommt es kaum an, weil man,
aus der vertrauteren Wirklichkeit des An-
derswo kommend, nur auf der Suche nach der
großen Stadt ist, einem Ort zum Verbergen,
sich darin zu verlieren oder sich selbst zu entdecken, einen Traum wahrzumachen, mit dem
man beweist, vielleicht letzten Endes doch kein
häßliches Entlein zu sein, sondern wunderbar
und der Liebe wert, wie man es glaubte auf den
Stufen der Haustür, an der die Fords vorüber-
fuhren – wie man es glaubte beim Planen dieser Suche nach einer großen Stadt.

Habe zweimal in der letzten Woche die Garbo
gesehen, einmal im Theater, wo sie neben mir
saß, und nochmals in einem Antiquitätenladen

der Third Avenue. Als ich zwölf war, hatte ich eine Serie lästiger Unfälle und lag daher viel zu Bett, wobei ich meine Zeit zumeist damit verbrachte, ein Stück zu schreiben für die schönste Frau der Welt, als die ich Miss Garbo in dem Brief bezeichnete, der meinem Manuskript beilag. Doch weder Stück noch Brief wurden je bestätigt, und lange Zeit trug ich einen fürchterlichen Groll in mir, der denn auch tatsächlich erst neulich abend verflog, als sich mir buchstäblich das Herz umdrehte, da ich die Frau im Nebensitz erkannte. Es überraschte, sie so klein zu finden und mit so lebendigen Farben: wie Loren MacIver hervorhob, erwartet man bei diesen Zügen kaum obendrein noch Farben.

Jemand fragte: «Meinen Sie, daß sie überhaupt intelligent ist?», was mir eine unverschämte Frage scheint; wen kümmert es schließlich, ob sie intelligent ist oder nicht? Sicherlich genügt es, daß solch ein Gesicht überhaupt nur dasein kann, wenngleich die Garbo selber dahin gekommen sein muß, die fast tragische Verantwortung, es zu besitzen, zu beklagen. Auch sollte man keine Witze über ihren Wunsch nach Alleinsein machen, selbstverständlich wünscht sie das. Ich denke mir, daß dies die einzige Zeit ist, da sie sich nicht allein fühlt – wer ungewöhnliche Pfade wandelt, trägt stets einen gewissen Kummer in sich, und man trauert nicht in der Öffentlichkeit.

Gestern im Antiquitätenladen stöberte sie herum, alles ziemlich eingehend betrachtend, an nichts wirklich interessiert, und einen unsinnigen Augenblick lang glaubte ich, sie ansprechen zu sollen, weil ich nämlich nur ihre Stimme hören wollte; der Augenblick verging, Gott sei Dank, und gleich darauf war sie zur Tür hinaus. Ich trat zum Fenster und beobachtete, wie sie mit jenem langen, schwingenden Schritt die dämmerblaue Straße entlangeilte. An der Ecke stockte sie, als sei sie unsicher, welche Richtung sie nehmen wolle. Die Straßenlampen flammten auf, und eine merkwürdige Spiegelung des Lichts schuf plötzlich auf der Avenue eine glattweiße Wand – mit windgepeitschtem Mantel und allein ging die Garbo, noch immer die schönste Frau der Welt, die Garbo, ein Symbol, direkt darauf zu. –

Mittagessen heute mit M. Was in aller Welt soll man mit ihr machen? Sie sagt, das Geld sei endgültig zu Ende, und wenn sie nicht heimkomme, verweigere ihre Familie jegliche Hilfe. Es scheint wohl hart, aber ich sagte ihr, daß ich keine andere Möglichkeit sähe. Genau betrachtet, freilich, halte ich eine Heimkehr bei ihr nicht für denkbar. Sie gehört zu jener Sekte, die am raschesten, unwiderruflich, von New York eingefangen wird, den begabten Unbegabten – zu intelligent, um sich in einer provinzielleren Atmosphäre zufriedenzugeben, doch nicht intelligent genug, um frei in der so erwünschten atmen zu können, existieren sie, neurotisch an den ausgefransten Rändern des New Yorker Lebens knabbernd.

Einzig der Erfolg, und zwar auf gewagter Höhe, kann Erleichterung geben; allein für Künstler ohne eine Kunst ist es ständige Spannung ohne Entspannung, Reizung ohne daraus entstehende Perle. Vielleicht daß es eine gäbe, wenn der Zwang, Erfolg haben zu müssen, nicht so enorm wäre. Sie fühlen die Notwendigkeit, sich erweisen zu müssen, weil der amerikanische Mittelstand, aus dem sie zumeist stammen, vernichtende Worte für seine Menschen mit Gefühlsleben hat, für die Jungen voll experimentierfreudiger Intelligenz, die nicht unmittelbar zeigen, daß diese Bemühungen sich in barer Münze auszahlen. Doch wenn eine Kultur zerfällt, ist es dann bare Münze, was die Erben zwischen den Ruinen finden? Oder ist es eine Statue, ein Gedicht, ein Drama?

Was nicht heißen soll, daß die Welt M. oder

sonst jemandem ein Auskommen schuldet; leider würde sie – wie die Dinge bei ihr einmal liegen, höchstwahrscheinlich gar kein Gedicht machen können, kein gutes jedenfalls; dennoch ist sie wichtig, ihr Wert durch eine über das übliche Maß hinausgehende Ehrlichkeit ausgeglichen, und sie verdient ein besseres Schicksal, als von verspäteter Jugendlichkeit in ein vorzeitiges Mittelalter überzugehen, ohne eine Zwischenzeit und ohne etwas herzeigen zu können. – In der Straße zur Stadt hin liegt eine Radiowerkstatt, die ein ältlicher Italiener führte, Joe Vitale. Im Frühsommer tauchte quer über der Ladenfront ein seltsamer Anschlag auf: *Der schwarze Witwr.* Und in kleineren Buchstaben: «Achtet in diesem Fenster auf Neuigkeiten über den schwarzen Witwr.» Also war man neugierig in der Nachbarschaft und wartete. Einige Tage darauf wurden zwei vergilbte Fotografien diesem Aushang zugefügt: sie zeigten – vor etwa zwanzig Jahren aufgenommen – Mr. Vitale als kräftigen Mann in knielangem, schwarzem Badeanzug mit schwarzer Schwimmkappe und einer Maske. Schreibmaschinenbildunterschriften darunter erklärten, daß Joe Vitale, den wir alle nur als vornübergebeugten, melancholisch blickenden Radiotechniker kannten, einstmals, in einer erhabeneren Körperlichkeit, Meisterschwimmer und Rettungswache am Strand von Rockaway gewesen war.

Wir wurden ermahnt, weiterhin auf die Fenster acht zu haben; unser Lohn kam in der folgenden Woche: in einem ins Auge springenden langen Zettel gab Mr. Vitale bekannt, daß der *schwarze Witwr* beabsichtige, seine Karriere wiederaufzunehmen. Es hing ein Gedicht im Fenster, und dies Gedicht hieß «Der Traum des Joe Vitale»; es berichtete, wie er davon geträumt, noch einmal die Brust den Wogen zu bieten, das Meer zu besiegen.

Am nächsten Tage erschien eine letzte Notiz – es war tatsächlich eine Einladung, in der wir alle aufgefordert wurden, am 20. August nach Rockaway zu kommen, denn an diesem Tage wolle er von da zum Jones-Strand hinüberschwimmen, eine weite Strecke. An den noch dazwischen liegenden Sommertagen saß Mr. Vitale vor seinem Laden auf einem Klappstuhl, die Wirkung seiner verschiedenen Ankündigungen auf die Vorübergehenden beobachtend, saß da, träumerisch und reserviert, lächelnd und höflich nickend, wenn Nachbarn kurz stehenblieben, um ihm Glück zu wünschen. Ein vorlautes Bürschchen erkundigte sich, warum er das e bei Witwr ausgelassen habe, und er gab sehr milde zur Antwort, daß dies e bei Witwer nur für Frauen sei.

Eine Zeitlang geschah nichts weiter. Eines Morgens dann wachte die Welt auf und verlachte den Traum des Joe Vitale. In jeder Zeitung war seine Geschichte, die Boulevardblätter brachten sein Bild auf den Titelseiten. Und klägliche Bilder waren es noch dazu, denn da war er nicht im Augenblick des Triumphes, sondern des tiefsten Jammers, da stand er am Strand von Rockaway, Polizisten rechts und links. Und in ihren Berichten nahmen die Zeitungen zumeist diese Haltung ein: es war einmal ein verrückter alter Idiot, der sich mit Fett einschmierte und hinunter ans Meer trottete, doch als die Rettungswache ihn so weit hinausschwimmen sah, stiegen die Männer in ihre Boote und holten ihn ans Ufer; so ein Heimlicher, dieser komische alte Kerl, denn im Augenblick, da sie den Rücken gewandt hatten, war er schon wieder auf und davon, und so ruderte die Rettungswache nochmals hinaus, und *der schwarze Witwr*, an den Strand geschleift wie ein halbtoter Haifisch, kam nicht unter den Gesängen der Meermädchen zurück, sondern unter Flüchen, Verwünschungen und Polizeitrillerpfeifen.

Gehört hätte es sich, daß man hingegangen wäre und Joe Vitale versichert hätte, wie leid es einem tut, wie tapfer man ihn findet, und was man eben so sagen kann; der Tod eines Traumes ist nicht weniger traurig als wirklicher Tod und verlangt von den Betroffenen gleich tiefe Trauer. Doch sein Radioladen ist geschlossen; er ist es nun schon lange Zeit; nirgendwo ist irgendein Zeichen von ihm, und sein Gedicht hat sich von der Stelle abgelöst, ist außer Sicht gefallen.

Hilary sagte, ich solle kommen und Tee trinken, ehe noch die anderen Gäste erschienen. Obgleich er eine entsetzliche Erkältung hat, bestand er darauf, die Party durchzuführen; natürlich, warum auch nicht? Gastgeber spielen ist sein Allheilmittel. In wessen Haus man auch sein mag, sobald Hilary dort ist, ist es sein Haus, ist man sein Gast. Manche finden diese Haltung zu anmaßend, aber die eigentlichen Gastgeber sind stets entzückt, weil Hilary mit seiner großen, eindrucksvollen Erscheinung und den tönenden, von Gelächter begleiteten Monologen noch den trübseligsten Anlässen einen überschäumenden Glanz verleiht. Hilary wünscht sich so, daß jedermann glänzt, die Gestalt aus einem Märchenbuch ist; irgendwie bringt er sich selbst zu der Überzeugung, daß die grauesten Geschöpfe von sagenhaftem Schimmer umgeben sind; mehr noch: er überzeugt auch sie davon, und das erklärt zum Teil die liebevolle Art, in der die gemeinhin nicht weichherzige Allgemeinheit von ihm spricht.

Ein weiterer Grund für seine Anziehungskraft ist, daß Hilary sich stets gleich bleibt, immer bringt er einen zum Lachen, wenn man verdammt nahe am Heulen ist, und dann ist da dies merkwürdige Gefühl, daß er, wenn man weggegangen ist, nun für einen noch heult. Hilary mit einer Velvetschlafdecke über den Knien, ein Telefon in der einen Hand, ein Buch in der andern; ein Radio, eine Musikbox, ein weiteres Telefon und ein Plattenspieler, die alle aus den Nebenräumen herübertönen.

Als ich zum Tee kam, saß Hilary wohlverpackt im Bett, von dem aus er seine Party zu dirigieren gedachte. Die Wände dieses Zimmers sind mit Fotografien tapeziert, von beinahe jedem, den er irgendwann einmal gekannt hat: unverheiratete Damen, Debütantinnen, irgend jemandes Sekretärin, Filmstars, College-Professoren, Ballettmädchen, Zirkusclowns, Ehepaare der reichen Gesellschaft, Geschäftsleute – sie mögen mit ihm auseinandergekommen sein, aber er erträgt es nicht, jemanden zu verlieren, oder irgend etwas. Bücher sind in Winkeln gestapelt, lasten auf Borden, darunter seine alten Schulhefte und uralte Theaterprogramme, Haufen aus Muscheln, zerbrochenen Schallplatten, vertrockneten Blumen, Vergnügungspark-Souvenirs verwandeln die Wohnung in ein Dachboden-Wunderland.

Es mag eine Zeit kommen, da es keinen Hilary mehr gibt; es wäre nicht schwer, ihn zu zerstören – möglich, daß jemand es tut. Könnte es sein, daß die Wandlung von der Ahnungslosigkeit zur Erkenntnis in jenem Augenblick geschieht, da wir entdecken, nicht von aller Welt geliebt zu werden? Die meisten von uns begreifen dies allzufrüh. Aber Hilary weiß es bis heute noch nicht. Ich hoffe, er lernt es nie, denn ich fände es schrecklich, wenn er plötzlich sähe, daß er ganz allein auf dem Spielplatz spielt und seine Liebe an Zuschauer verschwendet, die niemals da waren.

August. Obgleich die Morgenblätter einfach schön und warm schrieben, war es um die Mittagsstunde offenkundig, daß etwas Außergewöhnliches vor sich ging, und Büroangestellte, die mit dem benommenen, mißlaunigen Ausdruck eingeschüchterter Kinder vom Mittagessen zurücktrudelten, begannen Wetterbericht zu wählen. Um die Mitte des Nachmittags, als die Hitze sich wie eine Mörderhand über dem Mund des Opfers schloß, schlug die

Stadt um sich und wand sich, doch mit ihrem erstickten Aufschrei, ihrer gedrosselten Eile, ihren behinderten Regungen war sie wie ein ausgedörrter Brunnen, irgendein sinnloses Monument, und versank in starre Reglosigkeit. Die dampfigen weidenschlaffen Strecken im Central Park waren wie ein Schlachtfeld mit vielen Gefallenen – reihenweise lagen erschöpfte Opfer zusammengekrümmt im totenstillen Schatten, während Bildreporter, die das Desaster dokumentarisch festhalten wollten, gespenstisch zwischen ihnen herumschlichen. Bei Nacht öffnet die Hitze einer Stadt den Schädel, ihr bleiches Hirn bloßlegend und ihr Zentralnervensystem, das sirrt wie das Innere einer elektrischen Birne.

Ich würde wahrscheinlich ein gut Teil mehr Arbeit fertigbringen, wenn ich New York verließe. Indessen stimmt das höchstwahrscheinlich wiederum nicht. Wenn man nicht ein gewisses Alter erreicht hat, erscheint einem das Land als eine langweilige Sache, und ich jedenfalls liebe die Natur nicht allgemein, sondern nur im besonderen. Ungeachtet dessen ist die Stadt – man sei denn verliebt oder gesättigt, ehrgeizbesessen, auch ohne Neugier oder schicksalergeben (was neuerdings gleichbedeutend mit glücklich zu sein scheint) – wie eine Riesenmaschine, rastlos darauf gerichtet, Zeit zu vergeuden, Illusionen zu verschlingen. Binnen kurzem kann die Suche, das Entdeckenwollen, unheilvoll gehetzt, angstschweißtreibend werden, ein Rennen über Hürden aus Benzedrin und Nembutal. Wo ist, wonach du Ausschau hältst? Und was übrigens ist es überhaupt, wonach du Ausschau hältst? Es ist ein Elend, eine Einladung abzulehnen; immerzu weigert man sich, um dann nur überraschend aufzutauchen; schließlich ist es schwer, fortzubleiben, wenn etwas geisterhaft flüsternd hartnäckig behauptet, daß du durch dein Abseitsbleiben die Liebe aus dem Fenster fliegen ließest, dir die Antwort versagt, auf immer verloren hast, wonach du Ausschau hieltest – o bedenke, dies alles erwartet dich bloße zehn Querstraßen weiter – eil dich, setz den Hut auf, bemüh dich nicht erst um den Bus, schnapp dir ein Taxi, na also, eil dich, drück auf die Türklingel, hallo, du wieder einmal reingefallener Narr.

Heute ist mein Geburtstag, und wie immer hat Selma daran gedacht: ihre traditionelle Gabe, ein sorgfältig in einen Bogen Seidenpapier gewickeltes Zehncentstück, kam mit der Morgenpost. Dem Alter wie der Zeit nach ist Selma meine älteste Freundin; seit dreiundachtzig Jahren lebt sie in derselben Kleinstadt

94

von Alabama; ein verkrümmtes Weiblein mit pergamentdürrer aschgrauer Haut und lebhaften Augen unter schweren Lidern, war sie siebenundvierzig Jahre lang Köchin im Hause meiner drei Tanten; doch nun, da diese tot sind, ist sie auf den Bauernhof ihrer Tochter gezogen, um – wie sie sagt – stillzusitzen und es gemütlich zu haben. Doch ihrem Geschenk beigelegt war so etwas wie ein Brief, und darin schrieb sie, ich solle bereit sein, da sie nun also an einem der nächsten Tage den Überlandbus nach dieser «grandiosen Stadt» nehmen würde. Das hat gar nichts zu bedeuten; sie wird nie kommen, aber sie droht damit seit Menschengedenken. Den Sommer, ehe ich zum erstenmal New York sah – und das ist vierzehn Jahre her – saßen wir immer schwatzend miteinander in der Küche, unsere Stimmen surrten den lieben langen Tag dahin, und worüber wir zumeist sprachen, das war die Großstadt, in die ich bald gehen würde. Sie bildete sich fest ein, daß es dort weder Bäume noch Blumen gebe, und sie hatte erzählen hören, daß die meisten Menschen unter der Erde lebten oder wenn nicht unter der Erde, dann im Himmel. Außerdem gab es «nichts Nahrhaftes zu essen», keine guten Butterbohnen, Wildartischocken, Okraschoten, Yamwurzeln, Wurst – so wie wir sie daheim hatten.

Und kalt ist es, sagte sie, jajadumeinje, geh nur dahin in diese kalte Gegend, bald wir dich wiedersehen, wird deine Nase erfroren und abgefallen sein.

Aber dann brachte Mrs. Bobby Lee Kettle ein paar Dias von New York mit, und danach begann Selma ihren Freundinnen zu erzählen, daß sie mit mir gehen würde, wenn ich nach dem Norden reiste. Das Städtchen schien ihr mit einemmal zusammengeschrumpft und armselig. Und so kauften ihr meine Tanten denn eine Rückfahrtkarte in der Annahme, daß sie mit mir hinfahren, umkehren und zurückkommen sollte. Alles ging prächtig, bis wir zum Busbahnhof kamen; da begann Selma zu weinen und sagte, daß sie nicht fahren könne, daß sie sterben würde so weit weg von zu Haus.

Für einen ganz jungen Menschen ist die Großstadt eine freudlose Stätte; es war ein trauriger Winter, drinnen und draußen, rundherum. Später dann, wenn man älter ist und verliebt, gibt der gedoppelte Eindruck, den man mit der Geliebten teilt, den Erfahrungen Struktur, Gestalt, Bedeutung. Alleine reisen ist Fahrt durch ödes Land. Aber wenn man nur genug liebt, vermag man zuweilen für sich selbst und gleichzeitig für den andern zu sehen. So ging es mir mit Selma. Ich sah alles zweifach: den ersten Schnee und Schlittschuhläufer, im Park dahinfliegend, die feinen Pelzmäntel der drolligen Kalte-Gegend-Kinder, die Rutschbahn in Coney Island, Kaugummi-Automaten in der Untergrundbahn, die magischen Automatenbuffets, die Inseln im Strom und das Glitzern auf der dämmernden Brücke, das Aufschluchzen einer Kinomusik, die Männer, die Tag für Tag in den Hof kamen und die gleichen abgeleierten heiseren Lieder sangen, das prächtige Märchen eines Zehn-Cent-Ladens, wo man nach der Schule hinging, um zu stibitzen; ich beobachtete, hörte, sammelte es auf in mir für die geruhsamen Küchenstunden, da Selma, wie immer, sagen würde: «Erzähle mir von da, aber wahre Geschichten jetzt, keine von deinen Schwindeleien.» Meist aber waren es Schwindeleien, was ich erzählte; es war nicht meine Schuld, ich konnte mich nicht recht erinnern, weil es war, als sei ich auf einem jener unwirklichen Schlösser gewesen, die von Gestalten aus Märchen aufgesucht werden; hat man sie verlassen, erinnert man sich an nichts, geblieben allein ist das geisterhafte Echo des Wunderspuks.

Deutsch von Hansi Bochow-Blüthgen

Brooklyn

Auf dem einsamen Platz ragt schwarz und verfallen eine verlassene Kirche empor; ein Schild mit der Aufschrift *zu vermieten* verunstaltet ihre barocke Fassade; Spatzen nisten zwischen den steinernen Blumen über dem Portal, das mit Kreideinschriften beschmiert ist (Kilroy war hier, Seymour liebt Betty, Du Stinktier!); im Innern, wo das Sonnenlicht auf zerbrochene Kirchstühle fällt, haben alle möglichen streunenden Geschöpfe eine Heimstatt gefunden: man gewahrt dunkle Katzen, die aus den Fenstern sehen, hört die Schreie seltsamer Tiere, und Kinder aus der Umgegend, die sich gegenseitig zum Betreten der Kirche herausfordern, schleppen beim Herauskommen Knochen mit, von denen sie behaupten, es seien menschliche. (Yeah, es ist so! Wenn ich dir's sage; den Kerl habn'se umgebracht.) Diese grundhäßliche Kirche verkörpert für mich etwas von Brooklyns wesentlichen Elementen: Ich habe das unbehagliche Gefühl, daß man, würde ein ihr ähnliches Gebäude zerstört, unverzüglich daranginge, ein andres, gleichermaßen altes und abscheuliches zu errichten; denn ungleich Manhattan hat Brooklyn, oder genauer die Kette der unter diesem Namen verbundenen Städte, keinerlei Interesse an architektonischer Wandlung. Es bezeigt auch keine Nachsicht gegenüber dem Individuum: verzweifelt betrachtet man die endlosen Straßenzüge einander gänzlich gleicher geschmackloser Bungalows aus Braunsandstein, die unweigerlich verlassenen, aschgrauen Viertel, wo die traurigen, süßen, heftigen Kinder Blätter und Bauholz für ihre Oktoberfeuer sammeln, die traurigen, süßen Kinder, die die glastenden Auguststraßen entlangjagen; Tötet den Juden! Tötet den Italiener! Tötet den Nigger! – ein Brauch dieses Landes, wo die geistige Architektur unwandelbar ist wie die der Häuser.

Freunde aus Manhattan, die nicht gewillt sind, die umständliche, niederdrückende U-Bahn-Fahrt auf sich zu nehmen (O komm doch, B., ich schwöre dir, man braucht nicht mehr als vierzig Minuten, und du mußt ganz bestimmt nur dreimal umsteigen), sagen jede Einladung ab. Deshalb hänge ich oftmals dem Wunschtraum nach, die Kirche zu mieten und zu renovieren: wer könnte dem widerstehen, eine so eigenartige Behausung zu besuchen? So wie die Dinge liegen, habe ich zwei Zimmer in einem Braunsandsteinhaus, das sich zwanzigmal auf dem Platz wiederholt; das Innere ist ein viktorianischer Dschungel: In modernde griechische Schleier gehüllt, tänzeln schmutzige lilienbleiche Damen mit plumpen Gesichtern scharenweise über die Tapeten; in der Halle sind eine leere, angelaufene Schale für Besuchskarten und ein Hutständer, knorrig wie eine flüchtigen Blicks an der britannischen Küste erspähte Fichte, elegante Erinnerungsstücke aus Brooklyns besseren Tagen; der Salon quillt über von staubigen befransten Möbelstücken, über dem verstimmten alten Klavier paradiert in Daguerreotypie die ganze Familiengeschichte, überall tun Schondecken wie gehäkelte Fähnchen den Zustand der Ehrbarkeit kund, und wenn ein Zugwind durchs Zimmer geht, lassen perlgezierte Lampen orientalische Weisen erklingen.

Es gibt jedoch Telefone: zwei im oberen Stock, drei unten und hundertfünfundzwanzig im Erdgeschoß; meine Wirtinnen sind nämlich in ebendiesem Erdgeschoß mehr oder weniger an ein Schaltbrett gekettet: Mrs. Q., eine watschelnde verkümmerte Frau mit rotem Bulldoggengesicht, lavendelblauen Knopfaugen und leuchtendorangefarbenem, unglaublichem Haar, das sie, wie Miss Q., ihre Tochter, wild bis auf die Hüften herabfallend trägt, ist eine mißtrauische Person, und ihr Mißtrauen ist das derjenigen, die, alles verachtend, nach einem Grund suchen. Die arme Miss Q. ist einfach nur müde; sanft und honigsüß, arbeitet sie in einer gewissermaßen lebenslangen Müdigkeit, und manchmal frage ich mich, ob sie wirklich Miss Q. ist oder Zasu Pitts. Nichtsdestoweniger besteht zwischen uns eine liebenswürdige Beziehung, die hauptsächlich darauf beruht, daß wir beide von haarsträubendem Kopfweh geplagt sind. Fast täglich schleicht sie sich zu mir herauf und bittet, über ihre ungehörige Keckheit kichernd, um ein Aspirin. Ihre Mutter, eine Anhängerin Bernarr MacFaddens, verbietet Aspirin wie alle übrigen Medikamente als «Teufelsgebräu». Ihre Geschichte ist eine altbekannte: Mr. Q., «ein unbestreitbar führender Leichenbestatter», ging «ganz einfach und ohne Ankündigung» dahin, «während er die *New York Sun* las», und ließ seine Frau und eine unverheiratete Tochter «ohne alle Existenzmittel» zurück, weil «ein Schwindler Papa dazu gebracht hatte, all sein Geld in einer Fabrik zur Fertigung künstlicher Trauerkränze zu investieren». Deshalb richteten sie und ihre Mutter im Erdgeschoß einen Telefondienst ein. Seit zehn Jahren wechseln sie einander Tag und Nacht darin ab, Anrufe für Leute entgegenzunehmen, die verreist oder ausgegangen sind. «Ach, es ist ein Elend», sagt Miss Q. mit gespielter Verzweiflung, ist doch diese Rolle einer erfolgreichen Frau die konkreteste Illusion ihres Scheinlebens, «ich spreche die lautere Wahrheit, wenn ich Ihnen sage, daß ich seit wer weiß wie vielen Jahren nicht eine ungestörte Stunde gehabt habe; Mama ist zwar auch vollauf beschäftigt, Gott segne sie, doch Mama hat ja, wie Sie wissen, eine Menge Beschwerden, und so muß ich sie fast buchstäblich im Bett festbinden. Spät in der Nacht manchmal, wenn mein Kopfweh einsetzt, dann – nun ja, dann blicke ich auf das Schaltbrett, und plötzlich ist mir, als wären all die langen Drähte Arme und Finger, die mich zu Tode quetschten.» Von Mrs. Q. weiß man, daß sie gelegentlich das Türkische Bad in der Nähe der Borough Hall aufsucht, die Abgeschlossenheit ihrer müden Tochter jedoch ist vollständig; wenn man ihr Glauben schenken darf, so hat sie das Erdgeschoß in acht Jahren nur ein einziges Mal verlassen – und an diesem freien Tag ging sie mit ihrer Mutter in die Carnegie Hall, um einer Gymnastikvorführung Mr. McFaddens beizuwohnen.

Voller Furcht höre ich manchmal nachts, wie Mrs. Q. die Treppe heraufkeucht, um bald darauf in meiner Tür zu erscheinen; in einen fadenscheinigen seidnen Kimono gehüllt, das in der Farbe des Sonnenuntergangs leuchtende

Haar wikingergleich herabwallend, bleibt sie dort stehen und sieht mich mit einem unheilvollen Glitzern an: «Schon wieder zwei», sagt sie, und ihr rauher Bariton suggeriert Feuer und Schwefel. «Wir haben sie vom Fenster aus gesehen, zwei ganze Familien fuhren mit Möbelwagen vorbei.»

Wenn sie die Zitrone ihrer Bitterkeit ganz ausgequetscht hat, frage ich:

«Was für Familien, Mrs. Q.?»

«Afrikaner», verkündet sie dann mit rechtschaffenem eulenhaftem Blinzeln, «die ganze Nachbarschaft wird zu einem schwarzen Alptraum; erst Juden, und nun das; Räuber und Diebe, allesamt – mir gruselt's.»

Obwohl ich glaube, daß Mrs. Q. es sich nicht klarmacht, ist das keineswegs Theater, sie fürchtet sich wirklich: Das, was da draußen vor sich geht, deckt sich mit keiner ihrer Erfahrungen; der Gatte, von dessen Denken sie zehrte, ist dahingegangen, und sie selbst, die nur über entlehnte Ansichten verfügte, besaß niemals eine eigene Meinung. An allen Türen hat sie eine unwahrscheinliche Zahl von Riegeln und Schlössern anbringen lassen, ein Teil der Fenster ist vergittert, und ein verraßter Köter läßt sein ohrenbetäubendes Gebell ertönen: jemand draußen, ein gestaltloser Jemand, begehrt Einlaß. Jeder Schritt macht ihr Gewicht deutlich, während sie nun die Treppen hinabsteigt; unten tastet ein Schatten, ihr eigener, über den Spiegel: Mrs. Q., die sich nicht erkennt, hält inne, ihr Atem geht schwer, während sie überlegt, wer dort wohl wartet: ein Schauer überläuft sie: heute zwei neue, morgen weitere, die Flut steigt, ihr Brooklyn ist ein verlorenes Atlantis, selbst ihr Spiegelbild (ein Hochzeitsgeschenk, der Spiegel, weißt du noch? vierzig Jahre: o mein Gott, wo ist die Zeit geblieben?), selbst es ist ein Jemand, ein Etwas. «Gute Nacht», ruft sie. Die Schlösser klirren, die Haustür wird abgeschlossen; hundertfünfundzwanzig Telefone summen im Dunkel, die griechischen Damen tanzen im Schatten, das Haus seufzt, kommt zur Ruhe. Der Wind, der von draußen hereinweht, trägt aus einer blöckeweit entfernten Bäckerei den süßen Duft von Cookies herüber; Seeleute, die zur Sands Street wollen, überqueren den erleuchteten Platz, ihr Blick gleitet am Gerippe der Kirche empor und begegnet dem gelben Wissen kalter Katzenaugen. «Gute Nacht, Mrs. Q.»

Ich hörte einen Hahn krähen. Seltsam zuerst, schien es doch weniger seltsam, als ich an die geheime unsichtbare Stadt dachte, den Kontinent von Hinterhofgärtchen, die nirgendwo zahlreicher sind als hier: Hausierer und Schuhverkäufer als Ackerbauern: «Unsre eignen Rettiche, müssen Sie wissen.» Unlängst hat man eine Frau aus Flatbush eingesperrt, weil sie in ihrem Hinterhof Schweine hielt. Zweifellos trieb der Neid ihre Nachbarn zur Beschwerde. Wenn man des Abends von Manhattan kommt, ist es fast etwas entmutigend, in einen echten Sternenhimmel zu sehen und laubbedeckte Straßen entlangzuschlendern, durch die unverfälscht der neblige Ruch des Herbstes zieht, und wo die Stimmen im Dämmerlicht rollschuhlaufender Kinder durch die Stille eindrucksvolle Botschaften herantragen: «Sieh mal, Myrtle, was für'n Mond – wie'n Allerheiligenkürbis!» Drunten brodelt die Untergrundbahn, droben zersticht das Neonlicht die Nacht, ja und doch hörte ich einen Hahn krähen.

Als Gruppe gesehen, stellen die Brooklyner eine verfolgte Minderheit dar: die einfallslose Hartnäckigkeit wenig gebildeter Hanswurste hat es dahin gebracht, daß die bloße Erwähnung ihrer Heimat zwangsläufig schallendes Gelächter auslöst; mittels derart zwerchfellerschütternder Propaganda sind ihr Dialekt, ihr Äußeres und ihre Manieren zum Inbegriff der rohsten, der vulgärsten Aspekte unseres heutigen Lebens geworden. All dies, das vielleicht durchaus gutartig begonnen haben mag, bewegt sich inzwischen auf dem messerscharfen Grat an der Grenze der Bosheit: es ist heutzutage nicht ganz respektabel, eine Brooklyner Adresse zu haben. Zweifellos eine besondere Ironie, denn in dieser unglücklichen Gegend wacht der Durchschnittsmensch, da er sich unmittelbar am Rande des Ausgestoßenseins befindet, mit morbider Intensität über die Durchschnittlichkeit; er macht in der Tat aus der Ehrbarkeit eine Religion; Unsicherheit ruft jedoch Heuchelei hervor; und so nimmt er den Großen Spaß mit dem lautesten Gelächter von allen auf: «Jaaa, is Brooklyn nich 'ne Wucht – so was Komisches!» Irrsinnig komisch, ja, aber Brooklyn ist ebensosehr auch traurig brutal provinziell einsam menschlich ruhig lümmelhaft rauh verloren leidenschaftlich subtil bitter unreif unschuldig pervers zart geheimnisvoll, die Stadt, die Crane und Whitman Gedichte schenkte, ein mythisches Reich, an dessen Küste die Wasser von Coney Island in schwacher Wehklage plätschern. Kaum jemand vermag hier über den Weg Auskunft zu geben; niemand weiß, wo irgend etwas ist, selbst der älteste Taxifahrer wirkt unsicher; glücklicherweise habe ich mein Diplom im Untergrundbahnfahren erworben, obwohl es, dessen bin ich sicher, glühenderen Fleißes bedarf, das Fahren auf diesen Geleisen zu erlernen, die, in den Fels eingegraben, den Adern versteinerten Farns gleichen, als man für die Arbeit auf einen Doktorgrad hin aufwenden muß. Während man durch die sonnenlosen, sternlosen Tunnel schaukelt, hat man das Gefühl, aufs offene Meer hinauszufahren: der Zug, der unter unwahrscheinlichem Land dahinsaust, scheint für Nebel und Sprühregen bestimmt, und einzig das Aufblinken bekannter Stationen enthüllt unsere Identität. Einmal sah ich, unter dem Fluß hindonnernd, ein Mädchen, sie war ungefähr sechzehn und, wie ich vermute, gerade erst in eine Studentinnenvereinigung aufgenommen. Sie trug einen Korb, der mit kleinen, scharlachroten Papierherzen gefüllt war: «Kaufen Sie ein einsames Herz», jammerte sie, durch den Wagen gehend, «Kaufen Sie ein einsames Herz»; doch die bleichen, ausdruckslosen Fahrgäste, von denen keiner eins brauchte, schnippten nur gegen die Seiten ihrer *Daily News*.

Jede Woche esse ich ein paarmal im Cherokee-Hotel zu Abend. Es ist ein Apartment-Hotel und äußerst ehrwürdig, sowohl im Hinblick auf Dekor wie Klientel: der jüngste Irokese, so nennen sie sich selbst, ist sechsundsechzig und der älteste achtundneunzig; natürlich sind die Frauen in der Überzahl, doch gibt es auch eine Haut-und-Knochen-Ansammlung von Witwern. Ab und an bricht ein Krieg zwischen den Geschlechtern aus, und man kann das Eintreten eines solchen Ereignisses stets unschwer daran erkennen, daß der gemeinsame Aufenthaltsraum verwaist ist; sowohl die Herren wie die Damen haben ihren eignen Salon, und die kampfbereiten Truppen pflegen sich in diese speziellen Heiligtümer zurückzuziehen, die Damen schmollend und beleidigt, die Herren wie immer schweigend und grimmig. Beide Salons weisen außer zahlreichen niederdrückenden Erzeugnissen der Bildhauerkunst Radios auf, und wenn ein Krieg ausgebrochen ist, drehen die Damen, die sonst nicht das mindeste Interesse bezeigen, ihren Apparat so laut wie möglich auf in dem Versuch, die Abendnachrichten der Herren gewissermaßen zu ersticken.

Das Dröhnen ist drei Blöcke weit zu hören, und Mr. Littlelow, der Besitzer, ein nervöser junger Mann, um das vorweg zu sagen, saust hin und her und droht die Radioapparate gänzlich zu entfernen, oder aber, was noch schlimmer ist, die Verwandten seiner Pensionäre zu benachrichtigen. Von Zeit zu Zeit muß er zu dieser letztgenannten Maßnahme seine Zuflucht nehmen, so zum Beispiel im Falle Mr. Gilbert Crockers, der so hartnäckig sündigt, daß dem armen Littlelow schließlich nichts anderes übrigblieb, als seinen Enkel herbeizuholen. Zusammen und öffentlich machten sie dem alten Mann Vorhaltungen: «Ständig gibt er Anlaß zum Streit», klagte ihn Littlelow an, mit dem Finger auf den Übeltäter zeigend. «Er verbreitet bösartige Gerüchte über die Hotelverwaltung, behauptet, wir läsen seine Post, behauptet, wir hätten ein Beteiligungsabkommen mit dem Beerdigungsinstitut Cascades, er sagte Miss Brockton, der siebte Stock sei gesperrt, weil wir ihn an eine flüchtige Verbrecherin (eine Beilmörderin, sagte er) vermietet hätten, wo doch alle wissen, daß ein Wasserrohr geplatzt ist. Miss Brockton verlor vor Angst fast den Verstand, und ihr Flatterherz ist seitdem wesentlich schlimmer geworden. Wir waren bereit, über all dies hinwegzusehen, doch als er auch noch anfing, Glühbirnen aus den Fenstern zu werfen, dachten wir: nun ist es wirklich an der Zeit!»

«Warum hast du Glühbirnen aus dem Fenster geworfen, Großvater?» fragte ihn der Enkel; er sah dabei nervös auf seine Uhr und wünschte ganz offensichtlich, daß der alte Mann das Zeitliche bereits gesegnet hätte.

«Es waren keine Glühbirnen, mein Junge», berichtigte Mr. Crocker geduldig. «Es waren Bomben.»

«Ja, gewiß, Großvater. Und warum hast du die Bomben geworfen?»

Mr. Crockers Blick wanderte über die Versammlung seiner Mit-Irokesen, und dann nickte der alte Mann mit finsterem Lächeln in Miss Brocktons Richtung. «Sie —», sagte er, «sie wollt ich in die Luft sprengen: sie ist ein widerwärtiges Scheusal: sie und die Köchin haben untereinander ausgemacht, mir niemals was von der Schokoladensauce zu geben, damit dieses dicke, fette Weib sie ganz allein auffressen kann.»

Augenblicklich versammelten sich die Damen um sein auserkorenes Opfer, dessen Flatterherz sie unvermittelt bis an die Decke flattern zu lassen drohte; über dem empörten Glucken schwangen klar und deutlich Mrs. Allen T. Bonapartes Gedankensprünge: «Die arme Miss Brockton ermorden, man denke nur, haben Sie jemals das Londoner Wachsfigurenkabinett besucht? Sie wissen, was ich meine: sehen alle gleich aus, nicht wahr?» Und es verstand sich von selbst, daß die Radios an diesem Abend sämtliche Fensterscheiben würden erzittern lassen.

Eine der Bewohnerinnen aber ist so furchterregend, daß sie selbst Littlelow außer Gefecht zu setzen vermag. Mrs. T. T. Huett-Smith ist sehr groß, und wenn sie mit ihren funkelnden, gelblich gewordenen verstaubten Diamanten im Speisesaal erscheint, entbehrt ihr Auftritt lediglich eines Fanfarentuschs: Mit unsicheren Schritten geht sie auf ihren Tisch zu (es ist der, auf dem eine Rose steht, der einzige, auf dem eine Rose steht: und noch dazu aus Papier) und nimmt im Vorübergehen die Huldigungen der gesellschaftlich Ambitionierten entgegen: sie verkörpert ihre letzte Erinnerung an jene weit zurückliegenden Tage, als auch Brooklyn noch eine gehobene Gesellschaftsschicht besaß. Doch wie fast alle Dinge, die ihre gesunde Jugendfrische überlebt haben, ist auch Mrs. T. T. ein wenig dekadent und zu einer tragikomischen Übertreibung geworden: Lippenstift und Rouge, die sie in hemmungslosem Ausmaß benutzt, wirken ranzig auf ihrem mageren, zerknitterten Gesicht, und ihre Vergnügungen sind perverser Natur: nichts liebt sie mehr, als bestimmte sadistische Enthüllungen zu machen. Als Mrs. Bonaparte in das Hotel einzog und zum erstenmal den Speisesaal betrat, verkündete Mrs. T. T. bei ihrem Anblick lauthals: «Ich erinnere mich noch der Zeit, als die Mutter dieser Person Putzfrau im *schäbigsten* Bad von Coney Island war.» Eine andre Zielscheibe für sie sind die scheuen und stillen Schwestern Webster: «Verwünschte alte Jungfern nannte mein Mann sie immer.»

Ich weiß um ein Geheimnis, das Mrs. T. T. betrifft. Sie stiehlt. Jahrelang hat sie das billige Warenhaussilber des Cherokee-Hotels in ihre gestickte Handtasche gleiten lassen, um dann eines Tages, zweifellos in einem Augenblick geistiger Umnachtung, im Büro mit der Bitte zu erscheinen, man möge ihre Sammlung sicher im Safe des Hotels einschließen. «Aber meine liebe Mrs. Huett-Smith», sagte Littlelow, sich von seiner Überraschung erholend, «dies hier kann doch wohl kaum Ihr Eigentum sein, jedenfalls ist das Monogramm nicht das Ihre.» Mrs. T. T. betrachtete die Messer und Gabeln mit erstauntem Stirnrunzeln: «Natürlich nicht», sagte sie, «nein, natürlich nicht: wir hatten stets nur das Beste.»

Es ist ein paar Wochen her, daß ich zuletzt im Cherokee-Hotel war. Ich hatte einen Traum. Ich träumte, daß eine von Mr. Crockers Bomben sie allesamt in die Luft gesprengt hätte: Und um die Wahrheit zu gestehen – ich fürchte mich ein wenig davor, hinzugehn und nachzusehen.

28. Dezember. Ein kristallblauer Tag, zu köstlich für Mrs. Q.s muffigen Bereich, darum ging ich mit einem Freund auf den Brooklyn Heights spazieren; von allen Städten, die ich kenne, vermögen nur Bostons Beacon Hill und

Charleston einen ähnlichen Eindruck von der Vergangenheit hervorzurufen (das *vieux carré* von New Orleans nehme ich aus, weil es in seiner Art zu offensichtlich fremdländisch ist); von den dreien aber erscheint mir Brooklyn Heights am wenigsten konstruiert und ganz sicher am wenigsten ausgebeutet. Natürlich ist es zum Untergang verdammt, heute schon wird es untertunnelt, ein Highway ist geplant; mit stählernen Gebissen fressen sich Maschinen durch seine Palisaden, viele alte Herrschaftshäuser harren in herrenlosem Dunkel des Einreißtrupps; im ehrbaren Schatten kleiner dickensscher Straßen – Cranberry, Pineapple, Willow, Middagh – glitzern nagelneue rote Schilder mit der Aufschrift: *Vorsicht! Bauarbeiten*, und der Staub gesprengten Steines steht wie ein Urteilsspruch in der Luft. Als es dunkelte, kauften wir einen kleinen Pekannußkuchen; wir setzten uns auf eine Bank und sahen zu, wie in den Türmen über dem Fluß die Lichterkette aufstrahlte. Der Wind peitschte weiße Schaumkrönchen über das kalte Wasser, sang durch die harfenähnliche Brücke, fegte schreiende Möwen im Wirbel dahin. Mein Teil des Kuchens verzehrend, saß ich da und blickte auf Manhattan, und ich überlegte, wie seine Ruinen wohl einmal aussehen mochten: was Brooklyn anlangt, so werden die Ar-

chäologen einer kommenden Zivilisation
ebensowenig wie die Taxifahrer der unseren
jemals das Geheimnis seiner Straßen enträt-
seln, ihre Bestimmung, ihren Sinn.

Deutsch von Marguerite Schlüter

Fahrt durch Spanien

Der Zug war ganz zweifellos alt. Die Sitze sackten nach unten wie die Backen einer Bulldogge, viele Fenster zeigten leere Rahmen, und diejenigen, die noch Scheiben aufzuweisen hatten, wurden von Leukoplaststreifen zusammengehalten; im Gang war ein herumstreichender Kater offensichtlich auf Mäusejagd, und es schien nicht unwahrscheinlich, daß seine Bemühungen erfolgreich sein würden.

Langsam krochen wir aus Granada heraus, so als wären der Lokomotive alte Kulis vorgespannt. Der südliche Himmel war weißglühend wie eine Wüste; eine einsame Wolke stand darin, trieb dahin wie eine wandernde Oase.

Unser Ziel war Algeciras, der spanische Hafen gegenüber der afrikanischen Küste. In unserem Abteil saß ein Australier in mittleren Jahren; er trug einen fleckigen Leinenanzug, hatte tabakverfärbte Zähne und schmutzige Fingernägel. Nach kurzer Zeit schon erzählte er, daß er Schiffsarzt sei. Es schien seltsam, hier inmitten dieser dürren, strengen spanischen Ebenen jemanden zu treffen, der mit dem Meer verbunden war. Neben ihm saßen zwei Frauen, Mutter und Tochter. Die Mutter war eine vollgefressene, schmuddlige Frau mit trägen, mißbilligenden Augen und einem dünnen Schnurrbart. Der Brennpunkt ihrer Mißbilligung wechselte; zuerst fixierte sie mich ziemlich scharf, denn als das Sonnenlicht stärker flammte und Hitzewellen durch die zerbrochenen Fenster hereinwogten, hatte ich mein Jakkett ausgezogen – ein Benehmen, das sie, vielleicht zu Recht, als unhöflich ansah. Später dann empfand sie Abneigung gegen den jungen Soldaten, der gleichfalls in unserem Abteil saß. Der Soldat und die nicht sonderlich unzugängliche Tochter der Frau, ein dralles Mädchen mit den rauflustigen Zügen eines Preisboxers, schienen zu einem Flirt übereingekommen. Sooft der streunende Kater an unsrer Tür erschien, mimte die Tochter Erschrecken, worauf der Soldat tapfer mit sch-sch! den Kater wieder auf den Gang scheuchte; und dies stumme Spiel bot ihnen hinreichend Gelegenheit zu gegenseitiger Berührung.

Der junge Soldat war einer von vielen im Zug. Ihre mit Quasten verzierten Mützen elegant aufs Ohr gesetzt, lungerten sie auf den Gängen herum, rauchten süße schwarze Zigaretten und lachten in geheimem Einverständnis. Sie schienen sich zu amüsieren, anscheinend etwas, das sie eigentlich nicht hätten tun sollen, denn sobald ein Offizier auftauchte, sahen die Soldaten unverwandt aus den Fenstern, als wären sie hingerissen von den roten Felsenbrüchen, den Olivenfeldern und den strengen kahlen Bergen. Ihre Offiziere trugen Paradeuniform mit vielen Bändern und einer Menge Blech; einige hatten an der Seite schimmernde, unwahrscheinliche Säbel. Sie mischten sich nicht unter die Soldaten, sondern saßen in einem Abteil der ersten Klasse beieinander; sie sahen gelangweilt aus, beinahe so wie stellungslose Schauspieler. Ich glaube, es war ein Segen für sie, daß sich zu guter Letzt etwas ereignete, das ihnen Gelegenheit gab, mit ihren Säbeln zu rasseln.

Das Abteil unmittelbar vor dem unseren nahm eine Familie ein: ein zarter, magerer, ungewöhnlich eleganter Mann, der einen Trauerstreifen ums Revers genäht trug, und in seiner Begleitung sechs schlanke, sommerliche Mädchen, wahrscheinlich seine Töchter. Sie waren allesamt schön, der Vater wie die Kinder, und alle auf die gleiche Weise: dunkles, glänzendes Haar, pimentfarbene Lippen und Augen wie Sherry. Die Soldaten warfen flüchtige Blicke in ihr Abteil und sahen dann fort, so als hätten sie direkt in die Sonne geschaut.

Sobald der Zug hielt, stiegen die beiden

jüngsten Töchter des Mannes aus und spazierten im Schatten ihrer Sonnenschirme auf und ab. Sie erfreuten sich zahlreicher ausgedehnter Promenaden, denn der Zug stand die meiste Zeit über still, was niemanden außer mir aufzubringen schien. Einige Reisende hatten anscheinend auf jeder Station Freunde, mit denen sie um einen Trinkwasserbrunnen sitzen und lange und gemütlich schwatzen konnten. Eine alte Frau wurde in rund einem Dutzend Städtchen von kleinen Gruppen begrüßt – und zwischen diesen Begegnungen weinte sie so hemmungslos, daß der australische Arzt sich beunruhigt zeigte: Aber nein, sagte sie, er brauche sich nicht zu bemühen, sie sei nur so glücklich, alle ihre Verwandten wiederzusehen.

Bei jedem Aufenthalt rannten wahre Wirbelstürme bloßfüßiger Frauen und halbnackter Kinder mit überschwappenden irdenen Krügen voll Wasser den Zug entlang, heiser *Agua! Agua!* rufend. Für zwei Peseten konnte man einen ganzen Korb dunkler, überreifer Feigen erstehen, und es gab Tabletts voll seltsamer weißgezuckerter Krapfen, die dazu bestimmt schienen, von jungen Mädchen in Kommunionkleidern verspeist zu werden. Gegen Mittag hatten wir unseren Lunch zusammengekauft – eine Flasche Wein, einen Laib Brot, eine Wurst und Käse. Unsere Abteilgenossen waren gleichfalls hungrig. Man zog Päckchen hervor, Wein wurde entkorkt, und eine Weile lang herrschte eine fröhliche, nahezu anmutige Festlichkeit. Der Soldat teilte sich mit dem Mädchen einen Granatapfel, der Australier gab eine heitere Geschichte zum besten, und die Mutter mit dem bösen Blick zog aus ihrem Busen einen in Papier gewickelten Fisch hervor, den sie mit mürrischem Behagen verzehrte.

Danach wurden alle schläfrig. Der Doktor schlief so tief, daß eine Fliege ungestört im Zickzackkurs über sein Gesicht mit dem weitoffnen Mund spazieren konnte. Stille betäubte den ganzen Zug. Die Mädchen im nächsten Abteil lehnten entspannt auf ihren Sitzen wie sechs müde Geranien; selbst die Katze hatte das Umherstreunen eingestellt und lag träumend im Gang. Wir waren höher hinaufgeklettert, der Zug kroch über ein Plateau mit grobem gelbem Weizen, dann zwischen den Granitwänden tiefer Schluchten entlang, wo fremdartige, dornenbewehrte Bäume im Wind, der von den Bergen herabkam, erzitterten. Irgendwo zwischen den Bäumen bot sich ein Ausblick auf etwas, das ich gern gesehn hätte, ein Schloß auf einer Anhöhe – es saß dort oben wie eine Krone.

Es war eine Landschaft für Banditen. Irgendwann im Frühsommer dieses Jahres war ein junger Engländer, den ich kenne (wenn auch nur vom Hörensagen), mit dem Auto durch diesen Teil Spaniens gefahren, und an einer einsamen Stelle unterhalb eines Berges hatten dunkelhäutige Schurken seinen Wagen umringt. Sie raubten ihn aus, banden ihn an einen Baum und kitzelten seine Rippen mit der Schneide eines Messers. Ich dachte an diese Geschichte, als ohne Einleitung eine Gewehrsalve die schläfrige Stille zerriß.

Es war eine Maschinenpistole. Geschosse regneten durch die Bäume wie das Rasseln von Kastagnetten, und der Zug kam mit einem verwundeten Quietschen zum Stehen. Einen Augenblick lang hörte man nichts als das Belfern der Maschinenpistole. Dann sagte ich, mit lauter, furchtbarer Stimme: «Banditen!»

«*Bandidos!*» schrie die Tochter.

«*Bandidos!*» echote die Mutter, und das schreckliche Wort flog durch den Zug wie eine Nachricht, die auf der Urwaldtrommel weitergegeben wird. Das Ergebnis war eine schauerliche Clownerie. In einem zusammengeduckten Haufen von Armen und Beinen fielen wir auf dem Boden übereinander. Einzig die Mutter schien ihre Fassung zu bewahren; sie stand auf und begann systematisch ihre Wertsachen zu verbergen. Sie schob einen Ring in ihren Haarknoten und hob ohne Scham ihre Röcke hoch, um einen perlenbesetzten Kamm in ihrem Schlüpfer verschwinden zu lassen. Die bezaubernden Mädchen im Nebenabteil ließen zartes Zwitschern der Betrübnis hören, es klang wie Vogelrufe in der Dämmerung. Befehle bellend stolperten die Offiziere im Gang umher und rannten sich gegenseitig über den Haufen.

Dann plötzlich Stille. Von draußen kam das Murmeln des Windes in den Blättern und das Murmeln von Stimmen. Gerade als das Gewicht des Doktors, das auf mir lastete, unerträglich zu werden begann, flog die Außentür unseres Abteils auf. Ein junger Mann stand da. Er schien nicht klug genug, um ein Bandit zu sein.

«*Hay un médico en el tren?*» fragte er lächelnd.

Der Australier löste den Druck seines Ellbogens von meinem Magen und rappelte sich auf. «Ich bin Arzt», bekannte er und klopfte seine Kleider ab. «Ist jemand verletzt?»

«Si, Señor. Ein alter Mann, er hat eine Kopfwunde», sagte der Spanier, der kein Bandit war, sondern, ach, nur ein gewöhnlicher Reisender. Wir kehrten auf unsere Sitze zurück und vernahmen, sprachlos vor Verlegenheit, was vorgefallen war. Während der letzten Stunden schien ein alter Mann als blinder Passagier mitgefahren zu sein, er hatte sich hinten am Zug festgehalten. Eben jetzt hatte er den Halt verloren, und ein Soldat, der ihn fallen sah, hatte seine Maschinenpistole in Tätigkeit gesetzt, um so den Lokomotivführer zum Halten zu bringen.

Meine einzige Hoffnung war, daß niemand sich daran erinnern würde, wer als erster von Banditen gesprochen hatte. Und anscheinend tat das auch keiner. Der Arzt begab sich zu seinem Patienten, nachdem er eins meiner sauberen Hemden an sich genommen hatte, das er als Verband benutzen wollte, während die Mutter, uns mit griesgrämiger Prüderie den Rücken zuwendend, nach ihrem Perlenkamm angelte. Die Tochter und der Soldat folgten uns, als wir ausstiegen und unter den Bäumen auf und ab gingen, wo sich ein großer Teil der Reisenden versammelt hatte und den Vorfall diskutierte.

Zwei Soldaten trugen den alten Mann herbei; mein Hemd war um seinen Kopf gewunden. Sie setzten ihn unter einen Baum, und alsbald umdrängten ihn die Frauen, die darin wetteiferten, ihm ihren Rosenkranz zu leihen; jemand brachte eine Flasche Wein, die ihm mehr zusagte. Er schien vollkommen glücklich und stöhnte ausgiebig. Die Kinder, die im Zug mitfuhren, standen im Kreis um ihn herum und kicherten.

Wir befanden uns in einem Wäldchen, das von Orangenduft erfüllt war. Ein Pfad führte zu einem schattigen Vorsprung: von dort sah man über ein Tal, in dem wogende Flächen versengten goldgelben Grases zitterten, als bebe die Erde. Das Tal und das Schattenspiel des Lichts auf den tieferliegenden Hügeln bewundernd, saßen die sechs Schwestern, von dem eleganten Vater begleitet, unter ihren aufgespannten Sonnenschirmen wie Gäste auf einer Fête champêtre. Die Soldaten umkreisten sie in unbestimmter Begierde; sie wagten nicht recht, sich zu nähern, wenngleich ein kecker, dreister Bursche bis zum Rand des Vorsprungs ging und rief: «*Yo te quiero mucho*.» Die Worte kamen mit dem hohlen Unterton eines vollkommenen Echos zurück, und die Schwestern versenkten sich errötend tiefer in den Anblick des Tals.

Finster wie die felsigen Berge hatte sich am Himmel eine Wolkenbank zusammengeballt, und das Gras drunten wogte wie das Meer vor dem Sturm. Jemand sagte, es werde wohl Regen geben. Doch keiner mochte gehen: weder der verletzte Mann, der kräftig einer zweiten

Flasche Wein zusprach, noch die Kinder, die das Echo entdeckt hatten und nun fröhlich ins Tal hinabsangen. Das Ganze war wie ein Fest, und wir alle schlenderten zögernd zum Zug zurück, so als wolle jeder der letzte Gast sein, der aufbrach. Der alte Mann, der mein Hemd wie einen riesigen Turban um den Kopf trug, wurde in ein Abteil erster Klasse gebracht, wo mehrere eifrige Damen zu seiner Pflege zurückblieben.

In unserem Abteil fanden wir die dunkle, schmuddlige Mutter geradeso auf ihrem Sitz vor, wie wir sie verlassen hatten. Sie hatte sich außerstande gesehen, an der Gesellschaft teilzunehmen. Sie warf mir einen langen, funkelnden Blick zu. «Bandidos», sagte sie schroff und mit unnötigem Nachdruck.

Der Zug fuhr so langsam weiter, daß Schmetterlinge durch die Fenster ein und aus flogen.

Deutsch von Marguerite Schlüter

50 JAHRE ROWOHLT ROTATIONS ROMANE

50 Taschenbücher im Jubiläumsformat
Einmalige Ausgabe

Paul Auster, *Szenen aus «Smoke»*
Simone de Beauvoir, *Aus Gesprächen mit Jean-Paul Sartre*
Wolfgang Borchert, *Liebe blaue graue Nacht*
Richard Brautigan, *Wir lernen uns kennen*
Harold Brodkey, *Der verschwenderische Träumer*
Albert Camus, *Licht und Schatten*
Truman Capote, *Landkarten in Prosa*
John Cheever, *O Jugend, o Schönheit*
Roald Dahl, *Der Weltmeister*
Karlheinz Deschner, *Bissige Aphorismen*
Colin Dexter, *Phantasie und Wirklichkeit*
Joan Didion, *Wo die Küsse niemals enden*
Hannah Green, *Kinder der Freude*
Václav Havel, *Von welcher Zukunft ich träume*
Stephen Hawking, *Ist alles vorherbestimmt?*
Elke Heidenreich, *Dein Max*
Ernest Hemingway, *Indianerlager*
James Herriot, *Sieben Katzengeschichten*
Rolf Hochhuth, *Resignation oder Die Geschichte einer Ehe*
Klugmann/Mathews, *Kleinkrieg*
D. H. Lawrence, *Die blauen Mokassins*
Kathy Lette, *Der Desperado-Komplex*
Klaus Mann, *Der Vater lacht*
Dacia Maraini, *Ehetagebuch*
Armistead Maupin, *So fing alles an ...*
Henry Miller, *Der Engel ist mein Wasserzeichen*

50 JAHRE ROWOHLT ROTATIONS ROMANE

Nancy Mitford, *Böse Gedanken einer englischen Lady*
Toni Morrison, *Vom Schatten schwärmen*
Milena Moser, *Mörderische Erzählungen*
Herta Müller, *Drückender Tango*
Robert Musil, *Die Amsel*
Vladimir Nabokov, *Eine russische Schönheit*
Dorothy Parker, *Dämmerung vor dem Feuerwerk*
Rosamunde Pilcher, *Liebe im Spiel*
Gero von Randow, *Der hundertste Affe*
Ruth Rendell, *Wölfchen*
Philip Roth, *Grün hinter den Ohren*
Peter Rühmkorf, *Gedichte*
Oliver Sacks, *Der letzte Hippie*
Jean-Paul Sartre, *Intimität*
Dorothy L. Sayers, *Eine trinkfeste Frage
des guten Geschmacks*
Isaac B. Singer, *Die kleinen Schuhmacher*
Maj Sjöwall/Per Wahlöö, *Lang, lang ist's her*
Tilman Spengler, *Chinesische Reisebilder*
James Thurber, *Über das Familienleben der Hunde*
Kurt Tucholsky, *So verschieden ist es
im menschlichen Leben*
John Updike, *Dein Liebhaber hat eben angerufen*
Alice Walker, *Blicke vom Tigerrücken*
Janwillem van de Wetering, *Leider war es Mord*
P. G. Wodehouse, *Geschichten von Jeeves und Wooster*

Programmänderungen vorbehalten

TRUMAN CAPOTE

Frühstück bei Tiffany
rororo 459

Kaltblütig
Wahrheitsgemäßer Bericht über einen
mehrfachen Mord und seine Folgen
rororo 1176

Wenn die Hunde bellen
Stories und Porträts
rororo 13096

Erhörte Gebete
Der unvollendete Roman
rororo 12439